为孩子必做的事系列

谨献给6983位为本系列图书提供素材的妈妈
以及所有新妈妈们
希望她们和她们的孩子幸福快乐

感谢403位专家的共同参与和咨询解答
感谢顾问委员会11位专家的精心审订

为孩子必做的事系列⑤

为5岁孩子必做的59件事

韩国《柠檬树》编辑部 编著

杨俊娟 荀晓宁 周 欣 译
刘 倩 张树程 李子建

科学普及出版社
·北 京·

图书在版编目（CIP）数据

为5岁孩子必做的59件事 / 韩国《柠檬树》编辑部编著；杨俊娟等译. —北京：科学普及出版社，2012.4
（为孩子必做的事）
ISBN 978-7-110-07319-3

Ⅰ. ①为… Ⅱ. ①韩… ②杨… Ⅲ. ①儿童教育：家庭教育 Ⅳ. ①G78

中国版本图书馆CIP数据核字（2012）第004534号

For my kid series 5-59 things to do for my 6yrs old kid By LemonTree Editor Department

Original Korean edition published by JOONGANG m&b
Simple Chinese language edition arranged with jcontentree M&B
through Eric Yang Agency Inc.

著作权合同登记号：01-2011-3613

出 版 人：苏 青
策划编辑：任 洪
责任编辑：何红哲 侯满茹
封面设计：彩奇风
正文设计：青青虫工作室
责任校对：凌红霞
责任印制：张建农

出版发行：科学普及出版社
（地址：北京市海淀区中关村南大街16号 电话：010-62173865 邮编：100081）
印 刷：北京长宁印刷有限公司印刷
印 次：2012年4月第1版 2012年4月第1次印刷
开 本：787毫米×1092毫米 1/16
印 张：11.25
字 数：241千字
书 号：ISBN 978-7-110-07319-3/G·3273
定 价：32.00元

（凡购买本社的图书，如有缺页、倒页、脱页者，本社发行部负责调换）
本社图书贴有防伪标志，未贴者为盗版

策划理念

年轻的妈妈到底需要一本怎样的育儿书

“事事亲力亲为会觉得很吃力，什么都不做又怕孩子落后。” 很多妈妈都有这样的苦恼，孩子稍稍有点进步就想能进步得更快些，尽早尽多地教孩子一些东西。可有的妈妈发现，虽然努力开展了各种早期教育，但到了真正需要学习这些东西的时候，孩子反而落在了后面。早知道是这样的结果，当初的努力简直就是搬起石头砸自己的脚。那么，早期教育是早开始好还是晚开始好，其标准究竟是什么呢？

“为什么许多育儿书都只讲理论而不实用呢？” 作为妈妈，很多事情都要独立作出决定。这时候，不少妈妈就会胆怯，没有自信，于是就求助于各种育儿书籍。可是，那些育儿书为什么都千篇一律地把内容集中在理论上呢？那些理论虽然非常棒，可当真正面对孩子的时候，为什么觉得那些理论那么遥远呢？最后只好去网上寻找答案了，但搜索到的结果却让人哭笑不得。难道就没有一本书能把理论与实际真正结合起来吗？

“现在就给那些彷徨的妈妈一些中肯的建议。” 很多妈妈都在为过去虚度的时间后悔，可又不知道现在该怎么办，既迷惑又焦急。年轻的妈妈都已经意识到，与自己成长的年代不同，妈妈的努力以及妈妈所作出的决定会对孩子的未来产生深远的影响。那么，这样一本可以化解迷惑与焦急的“妈妈指南”哪里有呢？

成书过程

6983位妈妈与403位专家共同给出了最实用的育儿答案

妈妈们亲自提交的“育儿问题” 现在的妈妈们究竟需要一本什么样的育儿书？对于这个问题，编辑团队在经过10次网络会议和街头访问后，终于得出了答案。虽然收集到的答案多种多样，不过，最终所有的意见都统一为：妈妈们需要的是一本“能够消除实际困惑的解答书”。那么，怎样才能得到一本好的“解答书”呢？首先，妈妈们在不断交流中汇总出一张“问题列表”，然后编辑团队按照孩子的不同年龄段各提取了200个育儿问题，以此作为本套书的基础。

专家顾问委员会11位委员挑选出“重点问题” 对按照年龄段筛选出的200个育儿问题，编辑团队把它们交给专家顾问委员会，并对顾问委员会提出要求：按照不同年龄段的发育标准，从各年龄段的200个问题中分别挑选出100个重点问题。

根据6476位妈妈投票再筛选出“核心问题” 顾问委员们挑选出的问题，再次被提交到育儿网站上。编辑团队的想法是，希望妈妈网友把各年龄段的育儿问题分别精简到最核心的50个问题。最后的结果有6476位妈妈参与了投票。于是，“最实用的育儿问题”出炉了。

不同领域的403位专家耐心解答 针对每个年龄段精心挑选出来的50个问题，构成了本套书不同分册的核心内容。在这份详尽、具体的问题列表出炉以后，事情变得明晰起来。在对以专家顾问委员会为核心的403位专家的咨询中，在对同类书籍的参考中，编辑团队耐心地寻找着最准确、最全面的答案。

507位有经验的妈妈提供了她们的“生活智慧” 专家的意见固然重要，而那些有丰富实践经验妈妈们的看法，也同样受到编辑团队的关注。通过采访这些妈妈，获得了很多不同于书面理论的回答，这些回答更贴近生活。

如何使用本书

“为孩子必做的事系列”是一套按照年龄段编写的实用育儿书。我们抛弃了厚度和泡沫，把更多的时间花在寻找现实生活中真正需要的答案上。

不同年龄段的育儿重点

1岁（0~12个月） 不同月龄的喂养方法；新手妈妈的育儿妙招。

2岁 培养好习惯；2岁孩子的“话痨”妈妈。

3岁 培养有想象力的孩子；在与孩子的主权争夺中获得胜利。

4岁 提高智商；让孩子在游戏中学习各种技能。

5岁 性格教育；培养社交能力，为未来的领导者打下基础。

6岁 奠定学习能力的基础；准备入学，增强体质，培养耐性。

这是年轻妈妈身边的助手 本套书不同于育儿专家的论文或教育家的著作，虽然我们也得到了许多育儿专家的帮助，但并没有照搬照抄专业理论。我们尽可能做到把理论与实际相结合，给出尽可能接近实际生活的正确答案。

当你需要专家时，请打开本书 在某个阶段，孩子应该发育到怎样的水平？这应该是每个妈妈都想知道的问题。本套书按照不同的年龄段，提供了孩子发育指标列表。如果发现孩子存在异常，可以尽快寻求专业人士的帮助。通常来说，异常被发现得越早越好，治疗得越及时越好。

专家顾问委员会

感谢403位专家参与了问题的解答，尤其要特别感谢11位各个领域的著名专家担任本套丛书的顾问委员会委员，他们为这套书付出了宝贵的时间和精力。

高西焕　曾担任韩国顺天乡大学和韩国成均馆大学的客座教授，是儿童肥胖症领域的权威专家，在家庭制作幼儿辅食方面也颇有建树。目前独立经营一家儿科诊所。

金英勋　毕业于韩国议政府天主教大学医学院，获得博士学位。曾在美国贝勒大学进修儿科和小儿神经科，是韩国最优秀的小儿科专家。目前担任韩国议政府天主教大学医学院附属圣母医院的副院长。

金仁京　毕业于韩国梨花女子大学政治外交系，在美国特洛伊大学获得硕士学位。目前主要从事儿童英语教育工作，同时担任韩国首尔小学英语研讨班的培训讲师以及韩国蔚山大学的英语培训讲师。

文美熙　妊娠心理专家，曾在韩国首尔大学小儿精神系进修，目前担任韩国人类发展研究所所长。作为三个孩子的母亲，文美熙在儿童心理与家庭教养方面有独到的见解。

徐贤珠　著名SUKSUK网站的创办人。网站主要服务对象是对儿童英语教育感兴趣的父母，目前已拥有大约30万名会员。徐贤珠的不少著作都是受到广泛欢迎的畅销书。

孙硕汉　毕业于韩国延世大学医学系，获得博士学位。曾就职于韩国多家医院小儿精神科。目前于韩国延世神经科附属小儿青少年神经科医院就职，致力于儿童和青少年的精神健康研究。

孙洪民　曾在韩国淑明女子大学、韩国首尔女子大学、韩国广播通信大学教授幼儿美术。创办了韩国儿童美术教育研究所。在进行儿童美术指导的同时，还承担着电视台教育频道的儿童美术节目录制工作。

申东吉　儿科专家。毕业于韩国庆熙大学中医系，获得博士学位。目前担任韩国最好的儿科中医院——韩国束草涵小儿中医院院长，从事儿童消化与发育方面的研究。

李仁实　资深育儿专家，曾担任韩国女性职场幼儿园以及韩国三星幼儿园的院长，并兼任网络学校韩国三六大学的幼儿教育系教授。他还凭借在实践中积累的宝贵经验，创办了专门服务于婴幼儿的教育机构。

玄顺英　毕业于韩国梨花女子大学特殊教育系和韩国东大学院特殊教育系。在韩国圣母医院语言治疗室、韩国红十字会语言治疗室从事儿童教育研究。同时，还担任电视台教育频道和文化频道幼儿节目的顾问。目前担任李路达儿童发展研究所所长。

黄京淑　图书研究专家、插图画家。曾为《大英百科全书・韩国部分》和《大英百科全书・儿童图书馆》执笔，还曾在《柠檬树》和《东亚日报》连载作品。长期在育儿专业网站《小书房》栏目中连载书评。

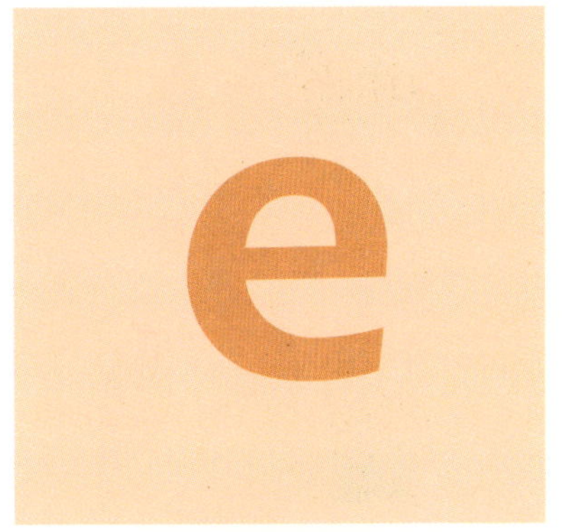

Part 03 让孩子更加讨人喜欢
必须培养孩子的社交能力

Part 04 健康成长的基础工程
孩子必须养成的生活习惯

Part 05 培养孩子认知能力的方法总结
必须帮助孩子提高认知能力

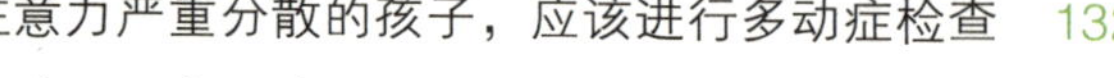

Part 06 让孩子在充满爱的环境里成长 充分发挥父母职责

Tips 实用小贴士

每个伟大人物的背后都有伟大的父母

读懂你的孩子

Understand a child

49～60个月

本书的重点部分是关于孩子的健康与发育。5岁的孩子，肌肉进一步发育，语言能力和理解能力都有了长足的进步，孩子已经可以独立完成很多事情了。在这个阶段，好好吃饭，好好睡觉，保证身体健康是最重要的。只有这样，到6岁的时候，孩子才能很好地克服学习方面的困难。5岁这个阶段，可能是一生中最轻松的年纪。这时候，妈妈要做的，就是让孩子尽情地吃，尽情地玩，自由成长。

49~60个月，妈妈必须知道的事情

5岁孩子的体重应该在18～21千克，身高应该在108～115厘米（详见表0.1和表0.2）。这个时期，孩子已经可以独立大小便，可以与小朋友融洽相处，也可以一个人看书，还对金钱有了一定的概念。这个时期的孩子想象力丰富，创造性突出。不过，5岁的孩子还无法准确分清想象与现实的区别。下面是这个时期孩子的一些基本指标。

生长发育

□可以用剪刀沿着线剪纸。

□可以骑带辅轮的自行车。

□可以快速起跑，并在跑动中突然停止，然后改变方向。

□不会轻易摔倒，可以向前跳10步左右。

□可以一个人荡秋千。

□可以照着图画出三角形和矩形。

□可以单腿跳。

□可以抓住球。

□可以沿着画好的线走。

健康

□正常吃三顿饭，加两顿餐。

□不偏食。

□不吃快餐食品和方便食品，不喝碳酸饮料。

□及时治疗龋齿，并定期进行口腔检查。

□体重和身高与同龄孩子相当。

□适当服用补品、维生素等。

□及时进行视力检查。

□季节更替的时候，要使用加湿器，并保持室内整洁，防止孩子出现呼吸道疾病。

□发音存在问题的话，要接受专业检查。

认知、语言发育

□可以独立完成12～20块拼图。

□可以说出自己的想法。

□可以按照开头、中间、结尾的结构讲故事。

□喜欢说自己新学的词汇。

□经常自己“创造”新词。

□经常制造出一些怪声。

□听别人说话的时候，可以理解事件的发展顺序。

□能够写出自己的名字。

□可以叙述当前发生的事情。

□可以画出包括眼睛、鼻子、嘴的人脸。

□看到有多种物品的图画，可以记住上面的物品并至少说出4种。

□可以根据要求，拿来数量准确的物品（10个以内）。

□会比较物品的大小和重量。

□说话流畅、不结巴。

□可以根据推测画出看不到的东西。

□可以理解事件的因果关系。

□即使没有图片，也可以说出熟悉的故事。

□会准确使用家人的称谓（姐姐、哥哥、奶奶、姑姑、舅舅等）。

生活习惯

□可以独立完成大小便。

□可以独自坐好、吃饭。

□喜欢和小朋友一起玩。

□可以很好地完成刷牙、洗脸、梳头等日常活动。

□会整理自己的衣服和物品，并且具备对这些东西爱护和管理的能力。

□按时作息。

□可以自己系扣子、系鞋带、系腰带。

□每天玩电脑的时间不能超过30分钟。

□睡眠很好，不会在夜里突然醒来。

□可以独自睡觉。

性格、社会性发育

□喜欢去幼儿园。

□愿意与朋友分享自己的东西。

□和小朋友相处融洽，即使出现争执，也能很快和解。

□可以一个人去邻居家玩。

□当自己的行为妨碍到别人的时候，知道主动道歉。

□遇到困难的时候（比如想拿放在高处的水瓶自己却够不着），会寻求帮助。

□知道在公共场所（商店、邮局等）应该遵守的规则。

□知道交通信号灯、人行横道的作用，知道不能在车多的马路上跑。

□明白性别的差异。

□可以很轻松地离开妈妈。

□男孩喜欢玩机器人，女孩喜欢玩布娃娃。

□和小朋友一起玩玩具的时候，懂得让步。

□懂得按顺序排队。

□知道得到允许后才能用别人的东西。

□如果玩耍的时候过于吵闹，听到大人制止会服从。

教育

□可以数到50以上。

□无聊的时候，会一个人看书。

□喜欢一个人随意写字。

□喜欢和父母一起阅读自然、科学等多种书籍。

□愿意去兴趣班学习美术、钢琴、跆拳道等自己喜欢的项目。

□喜欢把纸剪开，再粘贴成各种造型。

□可以适应幼儿园等集体生活。

□父母要根据孩子的特点为他（她）选择幼儿园。

□户外活动的时候，对昆虫和植物表现出浓厚的兴趣。

□如果总是注意力不集中，应接受注意力缺失/多动症检查。

□可以写出10个以上数字。

□看到经常接触的词汇，可以读出来。

□会玩拼插玩具。

□可以画一些简单的图画，例如房子、树、人等。

父母的责任

□回想自己小时候不喜欢父母的哪些语言、态度、行为、习惯等，并努力不把这些强加到自己的孩子身上。

□创造合适的环境，让孩子学会自己整理东西。

□不要看电视到太晚，尽量让孩子在固定的时间睡觉。

□生气的时候，不要对孩子大喊大叫。

□与幼儿园老师保持联系。

□认真观察孩子，并找出他（她）的特点。

□发现孩子的才能，并尽力培养。

□不要给孩子制造过分恐惧、挫折的状况。

□和孩子一起制订一天的计划。

□和孩子一起确定菜单。

□不要在孩子面前说别人的坏话。

□不要让孩子从电视或广播中接受暴力、恐怖的内容。

□如果大孩子对家里的小宝宝产生了忌妒心理，应该给大孩子更多的关心。

□协助孩子完成放毛巾、浇花等工作。

□每月带孩子去一次公园或博物馆。

□在电脑上安装儿童保护装置。

□和孩子一起做去幼儿园的准备工作。

你是合格的父母吗

□每天抱抱孩子或亲切地抚摸他（她）。

□至少每天称赞孩子一次。

□每天都和孩子一起看书。

□每天和孩子一起做一会儿游戏。

□尊重孩子的意见。

□经常和孩子对话。

□坦率地对孩子说出父母的感情。

□每天鼓励孩子。

结果分析

6项以上：对子女抱着良好态度的优秀父母。

4～5项：需要对子女有更多的理解和关怀。

4项以下：缺少对子女的理解和关怀。

表0.1　49~60个月女童的平均身高和体重

月龄	体重（千克）	身高（厘米）
49个月	18.43	108.6
55个月	19.74	112.1
60个月	20.68	114.7
60个月*	18.93	111.7

资料来源：大韩小儿科学会49～60个月女童发育标准值。

注：*数据为“中国九市城区7岁以下儿童体格发育测量值（2005年）”，供参考。

表0.2　49~60个月男童的平均身高和体重

月龄	体重（千克）	身高（厘米）
49个月	18.98	109.6
55个月	20.15	112.9
60个月	21.41	115.8
60个月*	19.90	113.1

资料来源：大韩小儿科学会49～60个月男童发育标准值。

注：*数据为“中国九市城区7岁以下儿童体格发育测量值（2005年）”，供参考。

Part 01

让孩子健康茁壮地成长

必须重视孩子的健康

01

外面的世界比电视更精彩

“别看电视了，出去和小朋友玩一会儿吧。”

“……”

“听到妈妈说话了吗？赶快把电视关了！”

从儿童之家回来以后，孩子总是习惯性地先打开电视。不管妈妈怎么喊，孩子都好像听不见似的，直到妈妈过来一下子关掉电视，孩子还磨蹭着不愿意离开。日本川崎医科大学的一位教授在一篇名为“语言发育迟缓的孩子”的文章中提出，孩子出现语言发育迟缓的重要原因之一就是长时间观看电视和DVD。深受DVD、电视、电脑影响的孩子，不爱说话，不爱与小朋友一起玩，社交能力发育缓慢。

如果孩子过分沉迷电视，父母必须引起重视。有的妈妈总是以忙为借口，有的妈妈嫌孩子太麻烦，干脆把孩子推到电视机前面……现在，情况到了无法收拾的地步。

其实，从孩子的天性来说，对户外活动的喜爱绝对大过对电视节目的喜爱。把天生活泼好动的孩子按坐在电视机前，或许这并不是妈妈的本意。所以，现在就带孩子出门去吧：在沙坑里“盖”个城堡，奔跑到大汗淋漓……只有让孩子充分活动了身体，吃饭的时候才会吃得又多又香。让孩子参加户外活动的好处还不仅这些，在自然环境中玩耍，可以让孩子得到更丰富的体验。这些体验可以培养孩子的注意力和观察力，让他（她）增加更多的记忆。据说人能记住10%听到的、30%读到的、50%看到的，而体验到的可以记住90%。此外，体验，还可以很好地提高孩子的创造性和解决问题的能力。所以，多带孩子到户外活动是一件一举多得的好事情。

02

让矮小的孩子快快长高

如果自己的孩子长得比同龄孩子矮小，父母可能会觉得很难过。在很多人看来，矮小是身体虚弱的表现。导致孩子身体虚弱的最大原因，就是错误的饮食习惯和营养摄取不均衡。下面就来看看，如何让5岁的孩子长得又高又壮。

关于身高的真相与误解

父母矮，孩子也可能矮　在影响孩子身高的所有因素中，遗传因素占23%。通常认为，如果父母或祖父母比较矮，孩子也会矮。但是，剩下的63%的身高影响因素则为营养状况和环境因素。如果能够充分地摄取营养，养成正确的生活习惯，加强运动，即使长辈身材矮小，孩子也是能够长高的。

现在比同龄孩子矮，长大后就真的矮吗　比同龄孩子矮，并不是真正的“个子矮”。医学上所说的个子矮分两种情况，其中一种情况是指在相似环境下，同种族、同性别、同年龄孩子身高在第3百分位（是生长标准科学的表达方法，它是从本国有代表性的健康儿童的横断面调查数据分析

Tips 由父母的身高推测孩子的身高

女孩身高=（母亲身高+父亲身高）÷2−6.5

男孩身高=（母亲身高+父亲身高）÷2+6.5

注：以上等式推测出来的身高波动范围在±5厘米。

统计得来的，在3～97百分位范围内均视为正常）以下。另外，身高的增长速度也很重要，如果孩子的身高一年增长不到4厘米，就要怀疑孩子是否身高过低，或孩子是否患有生长激素缺乏。如果不是这两种情况，孩子的身高就属于正常范围。

5岁男孩的平均身高和体重分别是113厘米和20千克。5岁女孩的平均身高和体重分别是112厘米和19千克。孩子的身高在100～121厘米，体重在17～25千克，都属于正常。

吃一些辅助药物，会让孩子长高吗 最近，那些宣称可以让孩子长高的营养药以及中药处方，吸引了很多妈妈的注意。到目前为止，已经得到明确证实，能够安全有效增加身高的辅助药物只有生长激素。很多其他药物和方法都标榜可以增加身高，但都没有经过科学验证。

可怕的是，如果为孩子使用这些没有经过科学验证的方法和药品，反而可能影响孩子的健康。例如，钙可以促进骨骼生长，如果在没有医生指导的情况下随意服用钙，就可能引起一系列的副作用（生长骺板过早关闭等）。

注射生长激素，可以快速长高吗 到目前为止，科学有效地增加身高的方法就是注射生长激素。如果孩子因为遗传或慢性疾病出现了生长障碍，必须要注射生长激素。不属于这类情况个子偏矮的5岁孩子，也可以注射生长激素吗？回答是肯定的。不过，儿科医生建议：因为注射生长激素存在着一定的副作用，而且药品价格昂贵，必须让孩子经过细致专业的检查后再决定是否注射。

纠正错误的饮食习惯

“我家孩子吃饭的时候，连嚼都不嚼就直接吞下去了。”

“我的孩子吃饭特别快，呼噜几口就吃完了。”

“不是边看电视边吃，就是边玩边吃。”

“短腿”父母养育“长腿”孩子

坚持母乳喂养，精心制作辅食 梁美京的身材小巧，她很担心孩子也像自己一样矮。从怀孕开始，梁美京就特别重视补充营养。孩子出生后，梁美京更是对孩子精心照料。首先从母乳喂养开始，虽然自己的乳汁一直不太多，但她还是坚持母乳喂养到孩子18个月。梁美京还学习各种育儿书籍和网络上的内容，只要对孩子有益的食物，她都买来给孩子吃。她的努力没有白费，孩子长得白白胖胖，个子也比同龄孩子高。现在，女儿已经上小学五年级了，身高是160厘米，比妈妈高了3厘米。

通过煮鸡蛋和游泳帮助孩子长高 李民贞儿子5岁之前的身高体重一直都低于同龄的小朋友。现在，过去两年了，儿子却明显高过其他同龄孩子了。帮助儿子长高的第一功臣，就是鸡蛋和游泳。儿子曾经非常挑食，后来有人告诉李民贞，每天给孩子吃一个煮鸡蛋，孩子就会长得又高又壮。于是，李民贞坚持每天给孩子吃一个煮鸡蛋，还帮孩子报名，让他参加了儿童游泳班，据说游泳可以刺激腿部的生长骺板。就这样，儿子的身高在两年中就超过了同龄的孩子。

Tips 喝多少牛奶最好

对于成长期的孩子来说，牛奶是不可或缺的重要食品。5岁的孩子，每天应该喝250毫升左右牛奶。不过，有些孩子用喝牛奶代替喝水，这容易引起肥胖、降低食欲，对健康不利。肠胃较弱的孩子，最好饮用温牛奶。

观察身材矮小的孩子，会发现他们存在的最大问题，就是摄取的营养不均衡。可是，有时妈妈精心做好饭菜，孩子却不领情，三口两口吃完，就急着去玩了。这个年纪的孩子，正处于身体生长的重要时期，不好好吃饭，就无法吸收足够的营养，自然也不可能长高、长胖了。那么，孩子到底为什么会这样，又该如何培养正确的饮食习惯呢?

孩子不好好吃饭的原因多种多样：不同的生活习惯会养成不同的饮食习惯，不同的饮食习惯又会对孩子产生不同的作用。不过，处于生长期的孩子如果总是对食物表现出抗拒的态度，可能会存在以下几种情况。

吃饭的练习 孩子吃饭的时候，不嚼就直接咽下去。这主要是因为孩子小时候没有进行充分的咀嚼练习。虽然有点晚，但还是应该从现在开始，让孩子加强咀嚼练习。

尊重孩子的意志 当孩子一边玩一边吃的时候，很多妈妈干脆夺过勺子，直接喂孩子。作为妈妈，总是想方设法让孩子多吃一口，这无形中就削弱了孩子的意志，并引起了孩子的逆反情绪。

加餐的次数和量要适当 很多妈妈认为，孩子正餐吃得少，可以通过加餐补充营养。可是，对于5岁的孩子来说，加餐绝不能代替正常的三餐。

检查是否存在其他问题 当甲状腺激素、生长激素和胰岛素代谢存在问题，缺少钙、磷、镁、锌等微量元素，或身体器官受到重金属污染的时候，孩子也会出现生长发育不正常，食欲明显下降的情况。

03

5岁孩子偏食的原因往往来自于父母

在孩子进入幼儿园或小学之前，必须要纠正他（她）偏食的习惯。5岁的孩子为什么会出现偏食，怎样做才能帮助孩子养成正确的饮食习惯?

“我的孩子偏食非常严重。在儿童之家吃饭的时候，孩子把不喜欢的全部挑出来，一口不吃，特别是辣的，更是一点儿不沾。孩子根本不吃泡菜。”

朴在红12年前在美国生活的时候，曾经听说过一种“日本式纠正偏食”的方法。当时，朴在红的孩子不喜欢吃凤尾鱼，一位日本妈妈告诉她，“在日本，如果孩子不肯吃凤尾鱼或豆类这些对身体有好处的食物，妈妈就会在一周内只做这两样菜。”先强迫孩子吃，慢慢孩子偏食的毛病也就纠正过来了。可是，韩国心理研究所的金熙秀研究员认为，这种方法只适合6岁以上的孩子。对5岁以下的孩子来说，使用如此严格的方法，多少有些苛刻。金熙秀研究员建议，

“可以把孩子不喜欢的菜切碎后掺进其他食物里，让孩子逐渐接受”。

父母是孩子偏食的主要原因

5岁的孩子不爱吃饭或偏食，主要是因为孩子对食物有了自己的好恶，或孩子养成了错误的饮食习惯。造成这种情况的不是别人，正是孩子的父母。韩国议政府天主教大学医学院附属圣母医院的金英勋院长认为，偏食的孩子大多与父母的饮食习惯有关。如果父母喜欢的食物经常出现在餐桌上，父母不喜欢的食物，孩子很难吃到。那么，孩子会自然而然地产生对食物的好恶。

孩子错误的饮食习惯是由父母造成的，偏食主要是在辅食期间形成的。辅食开始得过早或过晚，使用了不适当的材料或口味较重，都可能让孩子不爱吃饭。心理状态也会对偏食产生影响。当孩子吃得慢或者吃得少的时候，妈妈因为担心营养不够，总是强迫孩子再多吃一勺。妈妈想让孩子吃，可孩子并不想吃，结果就是孩子虽然吃了，却产生了“不是为自己吃饭，而是为妈妈吃饭”的想法。

纠正偏食习惯的六种方法

在孩子进入幼儿园或正式上学之前，必须要把孩子偏食的习惯纠正过来。偏食严重的孩子，很难适应集体生活，也无法很好地与别人相处。

不要准备过多的食物 不要在桌子上摆各种食物。如果食物多到吃不了，反而会降低孩子的食欲，让他（她）感觉吃饭是个负担。

让孩子吃替代食物 如果想了很多方法，孩子仍然不肯吃，也不要强迫孩子，可以让他（她）吃一些替代食物。如果孩子不吃泡菜，就给他（她）一些含有丰富乳酸菌的其他

Tips 成功妈妈的建议

偶像的力量 民智平时非常喜欢明星和漫画中的主人公。妈妈李贞恩就充分利用这一点来纠正孩子偏食的毛病。当民智不肯吃鱼的时候，李贞恩就告诉她，“如果你多吃鱼，就会变得像魔法公主一样漂亮。”当电视上出现一个女明星的时候，李贞恩就会说，“听说她特别爱喝牛奶，皮肤才特别好，身材也好。你看她的舞跳得多好，民智想不想也成为那样？如果想，就一定要多喝牛奶才行。”听到这些，民智马上就会说，“妈妈，我要喝牛奶！”不过，使用这种方法的时候要特别注意，不要把孩子与他（她）的朋友做比较，否则，可能会引起孩子的反感。

改变烹饪方法 对辣的食物，真雅一口都不吃，当然不肯吃泡菜了。所以，妈妈韩恩鲜开始变着花样做泡菜。最简单的方法就是把泡菜切碎，然后撒一些砂糖。泡菜即使用水洗过，也还是会留有一点辣味，不过，放糖以后就不辣了。有时，韩恩鲜会先把泡菜洗净、攥干，再和土豆混在一起，做成炸丸子。在让孩子吃泡菜料理的时候，韩恩鲜总会在孩子的饭碗旁边放一杯牛奶来代替水。因为牛奶在消除辣味方面效果比水好。通过这种方法，真雅慢慢接受泡菜了。现在，她已经可以直接生着吃泡菜了。

食物。如果孩子不喜欢吃肉，可以让他（她）吃鱼和鸡蛋。这样同样可以让孩子摄取到足够的营养。

食物要与体质挂钩 孩子会本能地拒绝那些与身体不合的食物。如果孩子对鸡蛋过敏，他（她）当然不喜欢吃鸡蛋。如果孩子偏食严重，可以考虑为孩子进行一下过敏检查。其实，不吃某种食物并不会对孩子的生长产生很大的影响，完全可以泰然处之。

不要强迫孩子吃辣的东西 很多人认为，韩国人天生就应该爱吃辣的东西。其实这是一种偏见。事实上，完全没有必要强迫孩子吃辛辣的食物，例如泡菜等。对孩子来说，辣并不是一种味道，更多的是一种折磨。不过，随着孩子逐渐长大，如果他（她）依然不肯接受辣味，不吃泡菜，就很容易造成偏食了。因此，还是要慢慢培养孩子接受这类食物。平时，可以在孩子喜欢的食物中略加入一点泡菜或辣的东西，也可以改变制作方法，烹制不辣的泡菜给孩子吃。

和爸爸妈妈一起快乐地吃饭 吃饭的时候，最好能全家人聚在一起。有些父母，因为吃饭时间太晚，或吃饭没有规律，经常让孩子自己吃饭。其实，即使大人也不喜欢一个人吃饭，何况孩子！所以，最好还是全家人一起吃饭。

充分利用书籍和电视 即使着急，也不能因为孩子偏食而打骂孩子。可以充分利用书籍和电视节目，告诉孩子偏食的害处，逐渐纠正孩子偏食的习惯。

04 5岁的孩子需要检查视力

4~5岁的孩子，视力已经达到了成年人的水平。这个时期，必须带孩子去专业的眼科医院检查视力。了解孩子是否存在斜视、弱视、近视等问题。如果再晚一些发现上述问题，视力恢复就比较困难了。一旦孩子出现这些视力问题，还是应该早发现、早治疗。

应早期矫正的视力问题

弱视 指的是眼睛构造没有异常，但视力有问题。治疗弱视当然是越早越好，如果孩子上小学以后再治疗就晚了，视力很难恢复正常。

斜视 指的是两眼不能同时注视一个地方，包括向内斜视、向外斜视、向上斜视以及向下斜视。斜视无法自然痊愈。斜视不仅不好看，还可能引起弱视，应尽早给予治疗。

Tips 眼科检查和戴眼镜

到眼科医院接受检查 5岁的孩子，应该进行视力检查、瞳孔反射检查、角膜反射检查以及外部检查等，以便掌握是否存在白内障、角膜白斑、视网膜脱落、斜视等异常情况。

该从什么时候开始戴眼镜 如果3岁之前孩子就须要矫正视力，在那时候就可以戴眼镜了。如果因为眼科疾病造成视力降低，必须戴特殊眼镜。因此，不能自己去眼镜店随意购买眼镜给孩子戴，应该遵照医生的指示配戴眼镜。

近视 因为现在的孩子总是长时间看电视或长时间用电脑，出现近视的年龄越来越小。在日常生活中，告诉孩子，不要让眼睛过度疲劳，每隔0.5～1小时就要望望远处，让眼睛放松一下。

出现下列情况，必须要接受眼科检查

如果孩子在眺望远方的时候，须要眯缝起眼睛看远处，或看电视时要走到电视机前面，这就说明他（她）的视力出现了下降。可以先通过视力表进行检查，出现以下情况，就要引起注意了。

1 孩子自己感觉视力变差。

2 父母存在弱视或近视。

3 孩子存在遗传性眼部疾病。

4 孩子看东西时经常歪着头。

5 孩子经常眨眼睛，或闭着一只眼睛。

6 孩子在读或写的时候，存在困难。

7 出生时，孩子早产或体重偏低。

8 孩子的两眼不能同时注视一个地方。

9 孩子无法聚焦视线。

10 孩子的眼皮下垂或眼珠晃动。

05

反正要换牙，还须治疗乳牙龋齿吗

乳牙龋齿为什么需要治疗 乳牙，就如同恒牙的带路人，只有乳牙健康，才能带着恒牙走健康的道路。也就是说，如果乳牙出现严重的龋齿，并引起炎症，对未来的恒牙也会产生不良影响。恒牙为了躲避炎症，就向其他方向生长，乳牙占据了恒牙的空间，又因为龋齿导致损坏脱落，其他的乳牙向这里倾斜。最后的结果，就是造成牙齿排列不整齐。

5岁孩子的龋齿治疗法 对于乳牙龋齿是否要治疗这一问题，取决于龋齿的严重程度、发展速度以及距离换牙的时间等因素。如果龋齿是初期，可以先进行涂氟处理，然后注

Tips 定期检查牙齿

大家都知道，成年人要定期进行口腔检查。事实上，处于生长期的儿童，这种定期检查更是必不可少的。乳牙脱落后，在原来的位置会长出新牙。大多数孩子会顺利地完成这个过程，但有很多时候，孩子在这个时期须得到外部的帮助。要想早期发现牙齿问题，并在问题严重之前把它解决，就要进行定期牙科检查。龋齿，在情况严重之前，是很难用眼睛发现的。所以，最好能坚持定期进行牙科检查，早发现早治疗。这样可以极大地减少龋齿以及治疗龋齿给孩子带来的痛苦。

意观察。如果龋齿较为严重，就要进行治疗了。治疗孩子龋齿的方法与成年人一样，通常把龋斑清除后再进行填充。如果情况严重的话，可能还要进行根管治疗。

在对龋齿进行填充治疗的时候，可以使用汞剂或树脂。使用汞剂的优点是费用低廉、操作简便。不过，使用汞剂需要磨掉较多的牙齿。使用树脂填充治疗的方法，是用与牙面颜色类似的材料进行填充，能够很好地与牙齿结合在一起，只要磨掉龋坏的部分就可以了。这种方法比较适合龋齿经常复发的孩子。

怎样预防龋齿　最具代表性的方法就是涂氟和窝沟封闭。氟可以令牙齿更坚固，对于早期龋齿有很好的遏制作用，所以最好能定期给牙齿涂氟。窝沟封闭是对磨牙进行沟槽封闭处理，对容易出现龋齿的部分提前预防。恒牙长出的时候，孩子还无法做到认真刷牙，很容易出现龋齿。因此，最好能通过窝沟封闭来预防龋齿。

06

怎样应对换季时经常出现的感冒

孩子5岁以后，随着免疫力的增强，感冒这些小疾病会发生得越来越少。不过，在季节更替的时候，由于气温变化突然，即使孩子本来很健康，他（她）也很容易患上感冒。

金智恩：用核桃应对感冒引起的哮喘

我只要一感冒就伴有严重的咳嗽和浓痰，秀民的爸爸又属于过敏体质，在这种条件下出生的秀民，难免让人担心身体状况。果然，在秀民快12个月的时候，出现了我们之前担心的情况了：动不动就感冒，一感冒就伴有严重的咳嗽，特别是季节更替的时候，咳嗽会更加严重，而且常常连咳不止，几乎快要喘不过气来。咳嗽严重必定有痰，所以孩子的床头总会放一个小痰盂。情况严重的时候，还要使用吸鼻器。去看过几次儿科，但医生大多使用含有类固醇成分的抗生素。这类药物很容易让人产生抗药性，开始服用的时候效果明显，但必须逐渐增加药量。否则的话，这类药就会失去疗效。

有效的方法

服用不含类固醇成分的药物 秀民最近去的那家医院，建议服用一种安全、有效的治疗哮喘新药。这种药像口香糖一样，每天嚼一粒就可以了。自从服用了这种药以后，秀民

Tips 换季时容易出现的疾病

支气管炎 感冒以后过3~4天，出现咳嗽、低烧。咳嗽严重，可能会引起嗓子红肿，无法吃东西。每次呼吸的时候，胸口起伏、痰多，还会引起呼吸困难。

扁桃腺发炎 主要是由于感冒引起的二次感染，或细菌导致的直接感染引起的。发烧以后，嗓子红肿，很容易引起其他炎症。患了急性扁桃腺炎以后，嗓子疼，特别是在吞咽的时候，非常不舒服。

过敏性鼻炎 流清鼻涕，连续打喷嚏或者鼻塞，嗓音也会发生变化。除了由于灰尘或动物毛发引起的慢性鼻炎外，还有因为花粉等原因造成的过敏性鼻炎。

的咳嗽明显减少了，而且服药过程简单，孩子易于接受。

每天吃两颗核桃 据说核桃对治疗感冒很有效，所以我坚持每天让秀民吃两颗核桃。坚持了一年，确实看到了明显的效果。

使用鼻子清洁器 使用鼻子清洁器向鼻腔里喷淡盐水，可以有效地预防和治疗感冒。最好为孩子准备一个鼻子清洁器。在感冒初期或咳嗽严重的时候，鼻子清洁器可以发挥吸尘器一样的作用。这个小东西帮了我们很大的忙。

创造清洁无尘的环境 对容易感冒的孩子来说，一个清洁的环境是非常重要的。把容易产生灰尘的布艺沙发换成皮沙发，尽量不使用地毯，用百叶窗代替窗帘，或干脆摘掉窗帘，当然也不能让房间里出现花粉。

无效的方法

喝蜂蜜梨水 很多人推荐喝蜂蜜梨水，我经常给孩子喝这种水，也没看到什么疗效。

朴京雅：用民间方法应对感冒引起的鼻炎

据说，低落的情绪会加重感冒。老大东辉刚满周岁，我就又生了秀敏。或许因为产生了心理压力，东辉虽然长大了，可经常感冒。东辉感冒大多是从流鼻涕开始，先流清鼻涕，然后嗓子红肿，并伴有发烧、咳嗽。秀敏感冒也是流鼻涕，严重的时候，还会反复出现鼻炎症状，有时鼻塞得厉害，甚至连觉都睡不好。东辉只要一感冒，还会出现身体疼痛的情况。这让孩子更加难过。我和丈夫都要上班，因为两个孩子总是生病，就不得不经常请假，非常影响工作。

有效的方法

洗澡后使用吹风机 电视中的健康节目介绍说，患感冒的时候可以在洗澡后用吹风机将脖子后面吹热。这会有一定的效果。于是每次孩子洗澡以后，我都会使用这种方法。它

的确对初期感冒有很好的缓解作用。

服用含仙人掌汁液的苹果汁　把仙人掌泡在苹果汁里，一周以后，苹果汁就会变成紫色。把它喝下去，对预防和治疗感冒有很好的效果。现在，我会经常让孩子喝这种特制的果汁。

服用萝卜红糖水　老人们都说，萝卜对化痰有很好的疗效，特别是伴有咳嗽的时候。在萝卜里放入红糖，然后早晚饮用这种特制的萝卜水。平时当作饮料，让孩子坚持服用，他们感冒的次数真的减少了。

李花延：用加湿器和核桃油应对过敏导致的感冒

才向一出生就出现了过敏症状。据说有这种症状的孩子，支气管不太好，才向就是这样。在温差变化大的换季期间，才向经常出现呼吸急促、干咳，还伴有咽喉肿痛和发烧。才向很小的时候，有一次持续咳嗽了两个多月，中间还出现了呕吐，吃了很多药，但不见效，幸好没有发展成肺炎。不过，那段时间全家人都没有睡过一个好觉，整天战战兢兢的。

过敏的孩子，大多属于燥热体质，不太喜欢穿衣服。虽然医生告诫说要注意肚子和胸口的保暖，可才向总是不喜欢穿衣服，有时就光穿个内衣在屋里跑来跑去。这让治疗感冒变得更加麻烦。

有效的方法

合理使用加湿器　室内保持适当的温度和湿度，可以很好地预防和治疗感冒。因此，要最大限度地使用加湿器。白天可以把加湿器放在客厅，晚上放在孩子的卧室。一定要养成每天清理加湿器的习惯，也一定要使用纯净水。

服用核桃油　这是婆婆教给我的方法，把核桃捣碎，煮成核桃油。服用核桃油，可以很好地预防和治疗感冒。

无效的方法

服用香菇和饴糖 听说香菇可以止咳祛痰，于是就在香菇里放入饴糖让孩子长期服用。味道不太好，吃的时候，孩子几乎是被捏着鼻子硬吞下去的。即使这样，也没有什么效果，而这种东西，从制作到服用，却着实经历了不少麻烦。

频繁地去医院 感冒以后当然要去医院。但是，过快过频地跑医院，反而不会有太好的效果。咳嗽发烧症状持续3天以上，并且有加重的趋势时，必须要去医院。但如果症状不太严重，可以让孩子在家休息，同时增加通风换气，并充分利用加湿器，还可以给孩子喝一些热大麦茶。这些措施对预防和治疗感冒都会有不错的效果。

Tips 家居清洁卫生四问

怎样使用加湿器 保持室内湿度的最好方法，就是使用加湿器。不过，如果加湿器使用不当，反而会加重病情。例如，加湿器里的水受到污染，就会引发或加重呼吸道疾病。因此，加湿器中使用的必须是烧开后晾凉的水。水桶必须每天清洗，并且晒干。这样可以有效地防止细菌繁殖。

空气净化器有效果吗 空气净化器可以过滤掉细微的尘土，如果家里有孩子，最好还是配备一个。遇到严重沙尘天气的时候，必须要全天加强空气净化器的风量，才能消除掉沙尘中的细微灰尘。更换过滤器的时候，必须要用吸尘器等工具，将空气净化器里面的杂质清除干净。

寝具要每天进行消毒吗 孩子在被窝里的时间要比大人长。在睡觉的时候，孩子还会出很多汗。所以，每天针对寝具的清洁工作是必不可少的。可能的话，孩子盖的被子和枕头，应该每天晾晒、掸灰。

怎样消除尘螨 家里的尘螨，可以使用工具将其杀死。将被褥拿到室外，进行日光消毒，使用工具拍打被子，尘螨就会掉落出来。不过，因为死去的尘螨和尘螨排泄物会散落到空气里，故不能在室内使用这种方法。

07

孩子到现在还尿床，怎么办

有的孩子，到了5岁以后还会出现尿床的情况。父母说孩子，甚至骂孩子，但没有什么作用。为什么会出现这种情况，又怎样才能消除这种症状呢？

遗尿症，是指5岁及5岁以上的孩子，睡眠状态下不自主排尿≥2次/周，持续6个月以上。遗尿症要比我们想象得更常见，根据韩国小儿泌尿器官学会的统计，在100名5岁的孩子中，有15名无法很好地控制小便；100名8岁孩子中有8名有遗尿症；100名15岁孩子中也还会有1名会在晚上尿床。遗尿症大致可以分为持续型遗尿症和再发型遗尿症。持续型遗尿即自婴儿期起从未建立自觉随意的起床排尿，遗尿从未间断。再发型遗尿指在小儿生长过程中曾有数月之久不尿床，其后再次出现尿床。

Tips 有助于改善遗尿症的食物

烤银杏 银杏有调节小便的功效。可以在睡觉前4～5个小时，给孩子吃一些烤银杏。

覆盆子粥 覆盆子有助于补充肾脏的阳气。将12克覆盆子和100克米混合，熬成粥让孩子食用。

南瓜粥 南瓜有利尿消肿的作用，可以与杂粮一起熬粥给孩子喝。

艾草酱汤 艾草可以强健肠胃，除了遗尿症，对一些因着凉引起的疾病也很有好处。将20克艾草洗干净，放入酱汤一起煮即可。

烤胡萝卜 胡萝卜性温，对下腹冷寒引起的遗尿症有一定效果。把胡萝卜去皮，切成10厘米左右的段，放到烤架上烤至褐色，然后让孩子趁热吃下。

遗尿症的原因是什么 引起遗尿症的原因包括遗传因素、激素分泌问题、膀胱发育不完全、睡眠时的觉醒障碍等。如果父母在小时候都出现过遗尿症，子女出现的比例是77%；如果父母单方有遗尿症，子女出现的比例是44%；如果父母都正常，子女出现遗尿症的几率只有15%。我们的身体中会分泌一种抗利尿激素，它的作用是将小便浓缩。正常的孩子，在夜里抗利尿激素分泌会增加，从而减少小便的产生。有遗尿症的孩子，夜里抗利尿激素分泌没有增加，就会产生很多小便。觉醒障碍也是导致遗尿症的一个原因。正常的孩子，膀胱中充满尿液的时候，就会产生信号，刺激大脑，然后从睡梦中醒来。但是，遗尿症的孩子在大脑接到信号时，无法顺利醒来。当大小便训练不当，或因为弟弟妹妹的出生、住院、上幼儿园、父母离婚等承受一定压力的时候，孩子会出现遗尿症。

遗尿症会带来哪些影响 遗尿症会在心理上带给孩子很大的打击，让他（她）不敢参加夏令营、野外宿营等一些郊外的集体活动。而且，遗尿症出现在孩子自我发展，形成各种社会关系的时期，对孩子的情感发育会产生很大的影响。与正常的孩子相比，有遗尿症的孩子会表现得缺乏自信。但是在遗尿症得到治疗以后，这些孩子的信心就会恢复到正常孩子的水平。

怎样治疗遗尿症 可以采用药物疗法和行为疗法。药物包括抗利尿激素等。如果长期使用这些药物，会对身体产生一定的副作用，使用的时候一定要慎重。行为疗法中最有代表性的就是夜尿警报器。夜尿警报器是一个安装在内衣里的固定装置，孩子要尿尿的时候，它可以拉响警报，让孩子从梦中醒来。经常反复这样，孩子就会养成一种习惯：当尿液充满膀胱的时候，就会醒来，然后起床去小便。这种方法一旦在治疗中取得成功，会显示出很好的效果，而且复发率低。但是，这种方法也存在缺点，就是执行困难，而且需要较长时间才能看到结果。

在家里怎样治疗遗尿症 在进行药物治疗之前，可以先通过生活疗法来控制遗尿症。最重要的是，不要呵斥孩子。对于孩子来说，并不是他（她）主观想要这样。在孩子面前不要说绝对不能尿床的话，相反，当孩子没有尿床的时候，一定要鼓励和称赞他（她），帮助孩子树立自信。睡觉之前，一定提醒孩子去上厕所。睡觉时，不必给孩子带尿不湿，但可以在床上铺一个防尿垫。如果孩子某一天没有尿床，可以在日历上贴一个漂亮的小贴纸；如果连续几天孩子都没有尿床，一定要给孩子一些奖励。如果孩子是因为神经系统发育不成熟而引起的遗尿症，可以采取让孩子白天多喝水，训练膀胱憋尿的方法来提高膀胱的能力。如果采用这些方法后仍然没有效果，可以考虑进行药物治疗。

关于遗尿症的答疑

Q 如果怀疑孩子有遗尿症，应该到哪些科室检查？

A 遗尿症通常在儿科、泌尿科以及精神科进行检查。

Q 遗尿症要做哪些检查？

A 通过询问病历等简单的方法诊断为遗尿症后，要进行验尿和X线检查来确诊。不过，如果验尿的时候发现孩子存在感染、白天排尿症状严重、小便失禁等情况，要进行更详细的检查。

Q 可以给孩子穿纸尿裤，或者夜里叫醒他把尿吗？

A 夜里叫醒孩子，或者给孩子穿纸尿裤的方法并不值得推荐。用纸尿裤，可能会让孩子产生依赖性，从而降低控制大

Tips 孩子频繁尿尿是有什么问题吗

有些孩子总是想小便，这是什么问题呢？韩国儿科专家高士焕介绍说，“尿频是孩子脱离纸尿裤以后，一直到小学低年级经常出现的情况，大多是因为心理原因。”大人情绪紧张不安的时候，也会总是想上厕所。同样，孩子感受到压力，或情绪不安的时候，亦会出现这种情况。如果孩子突然出现尿频的情况，要检查一下是否发生了什么事让他（她）感到有压力，或者突然的环境变化让他（她）感到紧张。

如果没有上述情况，但孩子依然表现出尿频的症状，就要去儿科或泌尿科检查一下孩子是否出现了尿道炎或者膀胱炎。如果不是因为疾病原因，最好带孩子到小儿精神科接受详细的检查，也许孩子存在一些连妈妈都没察觉的压力或精神方面的问题。

小便的愿望。把熟睡中的人叫醒，无论对孩子还是大人，都是很辛苦，也让人恼火的事情，还会因此产生一些副作用。在膀胱没有充满尿液的情况下，或者孩子在朦胧状态中被叫醒，对于遗尿症的治疗是没有任何帮助的。

Q 随着年龄的增长，遗尿症会自动消失吗？

A 遗尿症的自然治愈率每年是5%～10%，所以，遗尿症的确会随着年龄的增长而自动痊愈。但因为存在较大的个人差异，目前还无法准确判断出自愈时间。有的孩子表面看是遗尿症，经过检查却发现了更严重的疾病，所以最好听从医生的建议。

Q 孩子白天玩的时候尿裤子，这也属于遗尿症吗？

A 准确地说，遗尿症并不单指夜里尿床。但是，如果白天无法控制小便，很有可能是出现了更严重的情况，所以必须带孩子到医院检查。

Q 遗尿症治疗以后会复发吗？

A 遗尿症治好以后，还是可能会复发的。遗尿症复发以后，要先咨询医生，再进行治疗。

孩子稍微疲劳一点就会流鼻血

广秀的身体本来就比较虚弱，一到换季的时候，广秀很容易感冒。感冒以后，再稍微疲劳一点，她就会流鼻血。上幼儿园以后，广秀出现流鼻血的情况更加频繁，好几次都把老师弄得很紧张。

金孝贞　广秀的妈妈

妈妈的办法　拿一小团消毒棉球塞进孩子的鼻孔里，可以很好地止住鼻血。

专家建议　使用的棉花不能太多，塞进鼻孔也不能太深（大约1厘米即可）。可以用手指轻轻按压两侧鼻翼，有助于缓解症状。

08 孩子动不动就流鼻血，怎么办

挖鼻孔也会流鼻血

正宇属于过敏体质，小时候胎热非常严重，长大一些情况有所好转。不过，孩子的鼻炎却没有什么改善。换季或冬天的时候，可能是因为鼻子干痒，正宇经常挖鼻孔，稍微用力一些，鼻血就会流出来。

郭仁玉　正宇的妈妈

妈妈的办法　调节室内湿度。经常给孩子修剪指甲，以防止孩子抓伤鼻子。睡觉的时候，我还会给正宇戴上手套，防止他下意识地去挖鼻孔。有时在正宇的食指上裹上创可贴，也可以很好地阻止他挖鼻孔。

专家建议　如果孩子有过敏性鼻炎或鼻中隔偏曲，就

必须关注的流鼻血问题

Q 什么时候须要立刻去医院?

A 如果流鼻血持续30分钟以上、出血量突然增加、因为流鼻血感到头晕眼花，或者感觉鼻血不是在向前流而是向脖子后面流的时候，就必须去医院看耳鼻喉科。医生会先止血，再检查血是从哪里流出来，是什么原因造成的。当然，还要检查是否存在其他血液疾病。

Q 得了白血病，就经常流鼻血吗?

A 可能很多人都不知道，白血病初期的一个代表性症状，就是经常流鼻血。患了白血病以后，血液中防止出血的血小板大幅减少，导致经常流鼻血。当患有高血压、肝豆状核变性等疾病的时候，情况也是一样的。另外，血友病或者因为缺少维生素而产生的坏血病，也都会导致流鼻血。如果孩子经常流鼻血，最好带他（她）去医院进行检查。

很容易出现流鼻血的情况。呼吸的时候，空气应该沿直线进出，但如果鼻中隔偏曲的话，通过鼻子进出的空气就会集中摩擦某一个部位，损伤那里的黏膜，造成血管破裂。出现这种情况以后，最方便采取的应急措施，首先是用无菌纱布沾上凡士林，塞到鼻孔里，再用拇指和食指从左右两边向中央轻轻按压鼻孔。这时候，可以让孩子低头坐下，一般5分钟就可以止住鼻血。如果这样做没有效果，可以用冷毛巾或冰袋为整个鼻子降温。如果流鼻血持续30分钟以上，最好去医院进行治疗。

没有任何原因就流鼻血

尚镇从过了周岁就开始流鼻血，睡觉时盖得厚一点，稍微累一点，都会流。在玩的时候，如果不小心碰到鼻子，其他小朋友都没事，只有尚镇会流鼻血。

金善宇　尚镇的妈妈

妈妈的办法　婆婆教了我一种“莲藕治疗法”，试过以后，发现效果很好。把藕洗干净后，用搅拌器打碎，然后让孩子饮用藕汁。如果孩子不爱喝，可以在藕汁里放一些糖。开始的时候，我曾经把藕做熟了给孩子吃，后来发现，生藕效果更好。用搅拌器把藕打碎，然后用纱布攥出汁，再加到酸奶或果汁里，喂给孩子吃就可以了。

专家建议　莲藕是一种富含维生素的食品。身体突然暴露在干冷的空气中时，鼻黏膜变干或毛细血管破裂，就会流鼻血。这时候，用脱脂棉沾莲藕汁塞在鼻孔里，可以起到杀菌止血的作用。如果孩子经常习惯性地流鼻血，可以经常给他（她）吃一些用莲藕制作的食物。

09

一定要吃补药吗

有很多妈妈，每年都会给孩子服用一些补药。韩国束草涵小儿中医院曾经就“补药”问题，对1011名家里有幼儿期子女的父母进行了调查。结果显示，有61.9%的父母曾经给孩子吃过补药。给孩子服补药的比例如此高，吃补药真的有效吗？从中医角度讲，“补”指的是对身体功能不足的部分进行补充，也就是对身体进行调理，使之维持适当的健康状态。补药，就是为了实现这个目的而使用的一类中药。

当然，健康的生活习惯要比补药更重要。营养丰富的三餐，有规律的生活和运动是保持孩子健康的最佳手段。当然，对于身体特别虚弱的孩子，可以适当服用一些补药来进行调理。那么，哪些孩子须要吃补药呢？

消化不好（脾虚）的孩子

有些孩子，一到吃饭的时候，就要纠缠很久。而且，这样的孩子大多数体重增加缓慢。对于此类孩子，可以应用加强消化功能、促进胃肠蠕动的补药。

简易民间疗法 ①黄芪对改善脾胃虚弱、食欲不振非常有效。取20克黄芪放入300毫升水中，烧到水剩一半即可，随时饮用。②梅子茶有很好地保护肠胃的作用。把梅子与砂糖按照1：1的比例混合，经过腌制后，加水饮用。

Tips 对补药的三大误解

吃鹿茸会伤脑 没有任何中医文献提到过这样的说法。但是，服用鹿茸的时候，不考虑孩子的体质、状态、消化功能等，就会引起发热或腹泻。所以必须服从医嘱，不要擅自服用鹿茸。

冬天宜吃补药 很多妈妈觉得，夏天服用补药会让孩子大量出汗，应该选择在寒风凛冽的冬天进补。但是，朝鲜古代药学巨著《东医宝鉴》中提出，“应该在夏天进行补充体力的治疗。”此书还强调了夏天进补的重要性。实际上，如果孩子经常患感冒，夏天孩子的呼吸系统会多少强健一些，更适合服用补药。

健康的时候不必吃补药 其实，在孩子最健康的时候服用补药，效果才最明显。如果孩子正在发烧，服用补药反而可能引起一系列副作用。所以要绝对禁止孩子不舒服的时候让孩子吃补药。

呼吸系统虚弱（肺虚）的孩子

有些孩子在冬天或者季节更替的时候特别爱感冒。即使在天气热的时候，只要夜里稍微凉一点，这些孩子就开始咳嗽，这是因为孩子的呼吸系统比较虚弱。可以服用以五味子、桑白皮、白术、桔梗、麦门冬等为主材的补药，也可以使用芳香疗法。

简易民间疗法　桔梗可以增强支气管功能，是中医治疗呼吸系统疾病的常用药物。将20克桔梗放入700毫升水中，煮30分钟，分五次于一日内服用。

心脏功能不好（心气虚）的孩子

这类孩子，稍微听到一点声音，或突然改变身体位置，就会受到极大的惊吓。可以服用包含半夏、陈皮、白茯苓的暖胆汤，也可以服用包含当归、龙眼肉、酸枣仁的归脾汤，还可以服用黄芪和淫羊藿等补药。

简易民间疗法　将黄连磨成粉，取2克，放入蜂蜜水中饮用。

肝功能及代谢不好（肝虚）的孩子

有些孩子在食欲不振的同时，会出现脸色发黄，容易疲劳，经常流鼻血的情况。这样的孩子大多数身体代谢不好。可以服用包含柴胡、黄芩、人参、半夏、甘草的补药。这些药物对调节免疫功能有一定疗效。

简易民间疗法　五味子对肝功能有一定好处。

10 从睡姿看孩子的性格

英国睡眠评估咨询中心从对1000人的采访中总结出五种有代表性的睡眠姿势，并发现睡姿与性格也存在着密切的关系。

原木型

渴望型

士兵型

自由落体型

海星型

胎儿型

原木型：镇定、社交能力强

睡姿　睡觉时身体侧卧，只占据狭小的空间。

性格　对每件事都表现得从容镇定，社交能力强。但也存在一个缺点，就是容易受骗。

关注点　在教育孩子的时候，必须保持前后一致的态度。当孩子违反约定，或出现不当行为时，一定要让孩子对自己错误行为的结果承担责任，不要只是简单地指责和惩罚。

渴望型：积极主动

睡姿　睡觉的时候侧卧，双臂前伸，好像在要什么东西。

性格　性格开朗。只要下定决心，就会积极主动去争取。

关注点　在孩子处于危险，遇到困难，或需要帮助的时候，父母一定要成为他（她）的坚强后盾，随时给予支持。孩子说话的时候，要注意倾听，对孩子的感觉和行为表示认同，遵守与孩子的约定，加强与孩子之间的信任关系。

士兵型：有耐性

睡姿　睡觉的时候仰面朝天，身体笔直，好像一个士兵。

性格　性格安静。有耐性、有决断力。不过，灵活性略显不足。

关注点 父母不要替孩子决定或命令孩子做某事，而是让孩子自己选择。当孩子的意见与父母的想法不同的时候，父母要鼓励孩子充分表达出来。

自由落体型：活泼大方

睡姿 睡觉的时候趴在床上，双臂张开、抱着枕头。

性格 性格活泼大方。缺乏耐心，对别人的批评会有些神经质。

关注点 在孩子做任何事之前，要帮助他（她）预测出结果。这可以培养孩子的耐性。

海星型：感情丰富

睡姿 睡觉的时候，笔直地躺着，双臂张开，好像在喊万岁。

性格 感情丰富，懂得倾听，并且乐于助人，所以有很多朋友。缺点就是不喜欢在人前表现。

关注点 对于孩子帮助别人，倾听别人说话的行为，父母要积极鼓励，还要告诉孩子：父母会因他（她）的每一个行为而感到骄傲。

胎儿型：敏感

睡姿 睡觉的时候身体侧卧，弯着腰，屈起膝盖。

性格 外表强大，内心敏感。

关注点 性格内向，表达能力较差，不善于接受新事物。与孩子交流的时候，要创造一个轻松的气氛，鼓励孩子勇敢说出自己的想法。还要多创造机会让孩子离开妈妈，和其他小朋友在一起。

Tips 怎样让孩子睡得更香甜

1 睡觉之前让孩子换上睡衣、洗漱或者讲故事，帮助孩子形成一套睡前的固定仪式。

2 让孩子保持固定的就寝和起床时间，不要因为是工作日或休息日而有所改变。

3 睡觉前一个小时不要让孩子进行剧烈的活动，尽量让孩子保持平静。

4 孩子过饥或者过饱，都会影响睡眠。如果孩子觉得饿，可以让他（她）喝一杯牛奶，或吃少量点心。

5 不要把孩子的卧室作为惩罚孩子的场所。如果孩子对睡觉的房间感到不愉快，睡觉时也会感到有压力。

6 睡觉之前不要让孩子看电视。视觉刺激易让孩子做梦，不易进入深度睡眠。

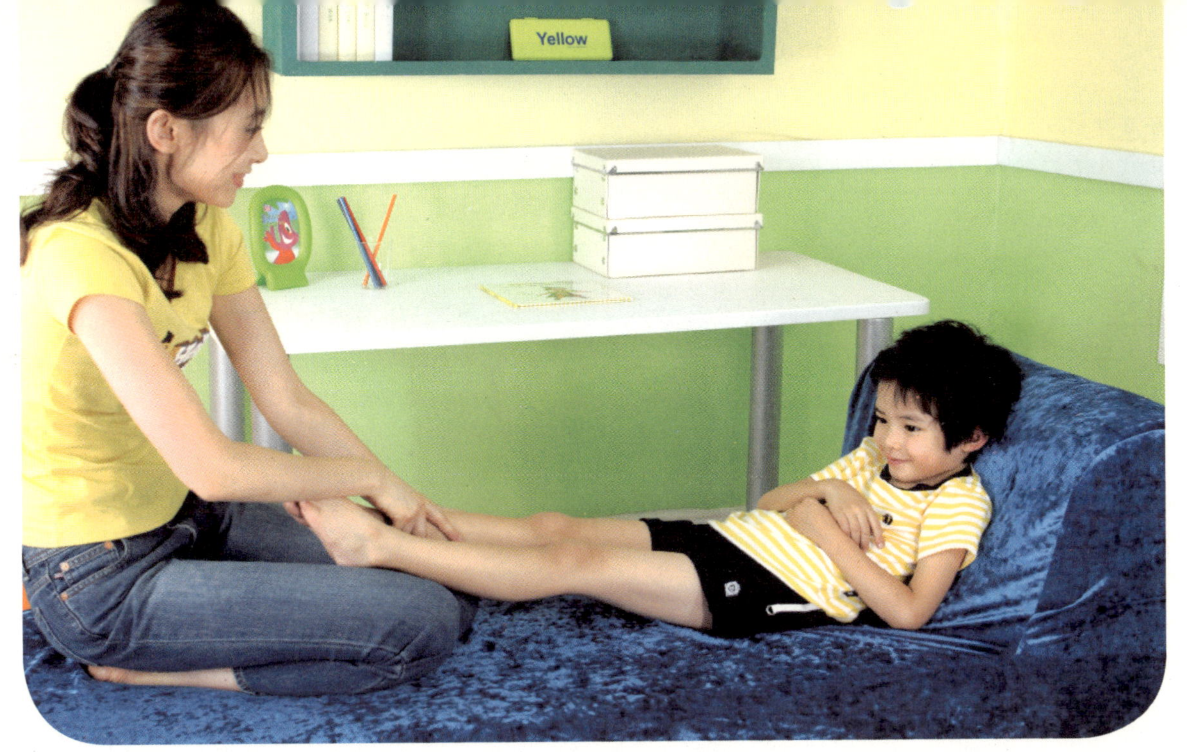

11 怎样应对生长痛

“辉灿5岁了，每天夜里都会嚷嚷腿疼，让我揉。这难道就是所谓的生长痛吗……为什么会出现这种情况呢？需不需要去医院看看？”

生长痛，是指膝盖附近骨骼上附着的筋脉和肌肉无法跟上骨骼的生长速度，从而产生的疼痛。处于生长期的孩子，都会偶尔出现这种症状，特别是小学低年级的男生，出现生长痛的几率比较高。如果孩子生长发育比较快，会在5岁就出现生长痛。生长痛表现出的症状是，一到了晚上，膝盖、大腿、臀部、腿肚子等部位发麻并伴有痛感，甚至有些孩子会疼得哭起来。不过，到第二天早上却好像什么也没发生过一样，疼痛完全消失。生长痛有时会在消失一阵子后再复发。

Tips 生长痛的自检

1 四肢疼痛，从晚上持续到第二天早上。

2 相同的部位（例如两个膝盖）同时疼痛。

3 白天很健康，食欲也很好。

4 按摩疼痛的部位，就会感觉舒服很多，并能安然入睡。

5 发烧的时候，会四肢疼痛。

6 按压疼痛部位，痛感更强烈。

7 出现红疹、关节疼痛。

8 外伤后会疼痛。

9 无法正常活动关节。

10 关节红肿或者皮肤颜色发生变化。

结果分析

符合第1～4项：属于生长痛。

符合第5～10项：可能是流行性感冒、关节炎、骨髓炎、儿童风湿、扭伤等疾病，要带孩子去医院检查。

对于生长痛，没有什么特别的治疗方法，通常休息几天就好了。不过，如果在休息期间疼痛仍然没有缓解，就有可能不是单纯的生长痛了，最好带孩子去医院检查一下，很有可能是髋关节病。对儿童来说，如果髋关节出现问题，常常会表现为膝盖疼。因此，如果孩子说膝盖疼，而且走路的样子不太正常的话，就必须要带孩子去医院，对髋关节进行全面检查。

生长痛的家庭护理

进行按摩和冰敷 揉揉孩子的四肢或者进行冰敷，都可以缓解肌肉紧张，减少疼痛。

促进血液循环 用温水洗澡，可以很好地促进血液循环，缓解疼痛。

服用镇痛剂 疼痛特别厉害的时候，可以服用阿司匹林。

多吃含钙的食物 平时多让孩子喝牛奶、牛肉汤，吃豆类、凤尾鱼等可以补充蛋白质和钙的食物。

避免剧烈活动 剧烈的活动，可能会加重疼痛。

吃饭聊天打造出的美国总统——肯尼迪

在吃饭的时候，你会跟孩子说些什么呢？用餐时，既可以专心于美食，又可以趁着全家人聚在一起的机会，聊一些有趣的话题。不过，如果家里正好有一个活泼好动的5岁孩子，恐怕吃饭的时候说得最多的就是催孩子好好吃饭的话。

约翰·肯尼迪总统的母亲养育了四个儿子、五个女儿。她认为，“女性的价值就是养育子女。”在养育这九个子女的过程中，她每天都做一件相同的事，就是在吃饭的时候和孩子们聊天：找一个话题，让孩子们说出自己的看法，再听听别人怎么说，从最小的孩子开始，每个孩子都要参与进来。这样，每次吃饭时间几乎都会超过一个小时。肯尼迪的母亲为了准备用餐时的讨论内容，在墙上挂了一块黑板，把从报纸杂志上收集的信息都贴在上面。孩子们经过黑板的时候，会看看上面的内容，然后在吃饭的时候分享彼此的看法。为了让孩子们能够更好地表达自己的意见，肯尼迪的母亲认真倾听着孩子们的每一句话，并把自己的看法用便于孩子理解的语言说出来。就是在这样的气氛中，培养出了一位伟大的人物——美国总统肯尼迪。

从今天开始，也利用吃饭时间和孩子好好聊聊天吧。虽然和5岁的孩子讨论问题还有些困难，不过，可以先从一些简单的内容开始。吃饭之前，和孩子一起翻翻报纸杂志上的图片，然后聊聊图片的内容。全家人一起吃饭的时候，可以听听孩子有什么新想法，解答一下他（她）的疑惑。在这个过程中，孩子会学会收集信息，并且整理收集到的内容，这可以极大地提高孩子的表达力和判断力。

译注：约翰·肯尼迪（1917—1963），美国第35届总统。1963年11月23日在达拉斯遇刺身亡。肯尼迪一直被大多数美国民众视为历史上最伟大的总统之一，在任期间是美国历史上支持率最高的总统。

Part

02

让孩子聪明又讲理

对孩子逐步展开的教育

12

发现孩子的才能

孩子身上总蕴藏着无限的潜能。每个人都会有一项自己擅长的事情：歌声动听、运动能力发达、能够画出让毕加索惊讶的图画、语言发育神速、小小年纪已经像个演说家……在孩子身上，每一种才能都如同宝石一样熠熠闪光。发现孩子才能的方法其实非常简单，就是认真观察孩子的一举一动。父母的责任就是发现并培养孩子的才能。父母要多和孩子沟通，了解孩子喜欢什么、擅长什么。明智的父母必须抛开自己的私心，站在客观的角度，考量孩子的潜在能力。只有这样，才是对孩子真正的爱。可是，很多妈妈不但没有及时发现孩子的潜能，反而总想让孩子按照父母的安排去发展。孩子明明喜欢画画，妈妈偏要让他（她）学钢琴，自然不会得到满意的结果。如果现在还无法确定孩子的潜能，也不必着急，可以让孩子广泛涉猎，逐渐就会在某些方面有突出的表现。

还有一点也非常重要，一定不要忘记：发现并培养孩子的才能，并不是为了让孩子取得好分数，或以后出人头地，而是帮助孩子发挥出自己的天分，收获更幸福的人生。

13 文字学习大挑战

5岁的孩子，开始学习写自己的名字，也开始对识字和写字产生浓厚的兴趣。这时候，正好可以利用孩子的这个特点，让孩子向文字学习发起挑战。不过，不必过分着急，因为只要孩子在上小学之前掌握一些词语就可以了。

成真现在已经可以读写自己和爸爸妈妈的名字以及西瓜、苹果等简单的词语了，但还看不懂句子。邻居家的由宾，已经可以独自阅读简单的故事书了。虽然早就听说女孩子的发育更快一些，但是成真的妈妈还是有些担心：是不是自己的孩子落后了？那么，5岁的孩子对文字应该掌握到什么程度，应该通过什么方法来进行这方面的学习呢？

韩国梨花女子大学幼儿教育系的李基淑教授认为，“5岁以后，孩子应该对识字和写字产生兴趣，并且能够写出自己的名字。”因此，正式的文字教育最好从4～5岁开始。有些发育快的孩子，可能会在更早的时候认字。要注意的是，认字过早，孩子可能无法把文字与具体的事物联系起来，甚至对文字失去兴趣。孩子5岁以后，幼儿园老师会积极地教孩子认字。这样，孩子接受起来会更加容易，就不需要再有之前的那种担心了。

在孩子正式上小学之前，必须要对孩子的文字学习重视起来。现在的小学，已经不再从最基础的课程开始教起了，以前要用一个学年进行的听写学习，现在可能3～4个月就结束了。其实不只是文字，所有的科目都已经脱离了以前那种“填鸭式”的教育方式。现在的学校更加重视孩子找到答案的过程，只要让孩子提前掌握一些文字，他（她）就可以读书、写作，这对孩子的学习非常有利。所以，最好能让孩子在入学之前先掌握基础的文字。这样，在上课的时候孩子才能听懂老师在说什么。

学习文字的六个阶段

通过儿歌和句型卡片背句型 在这个阶段，孩子会把喜欢的句子整个背下来，所以，可以经常给孩子读一些由3～4句话组成的简单儿歌，或让孩子看些有长句型的字卡。在孩子学习文字的时候，不能把文字和语法分割开来，应该把整个句子或者段落背下来，并且印在脑子里。

通过故事书读句子 这个时期的孩子，已经具备了把一个故事从头至尾连接起来思考的能力。因此，利用故事书，可以让孩子更轻松更有趣地进行文字学习。选择故事书的时候，最好选那种文字简洁精炼，内容能够反映现实的。不要在孩子刚刚背完句子或者看完故事的时候，就立刻让孩子合上书复述故事，这很容易让孩子失去学习的兴趣。

用孩子熟悉的语言解释单词 对孩子来说，最重要也是最关心的，就是以“我”开始的内容。所以，为了让孩子进一步熟悉文字，可以从他（她）最想表达的“我”开始，创造机会，让孩子说出“我的名字、我的小区、我去的幼儿园……”等句型。这些会让孩子对文字更加好奇和感兴趣。

Tips 成功妈妈的经验

广告传单是很好的学习材料 可以尝试利用广告传单教孩子学习语文。色彩缤纷的广告上，通常都有大大的字，还配有蔬菜、水果、海鲜等丰富的图案。可以一边让孩子看图，一边教他（她）认字。去市场的时候，还可以教孩子读广告牌上的字。每天叫孩子的名字，对孩子的语文学习也有一定帮助。比如，我的孩子叫李恩慧，我会告诉孩子，这个是“李”字，和报纸上这个“李”字是一样的。从熟悉的字开始，孩子会掌握得更快。

用手指写字 当孩子会读了以后，我会经常用手指在孩子的手掌、后背上写字，然后让孩子猜写的什么字。孩子很喜欢玩这个游戏，不知不觉中也认识了更多字。

写购物清单 去商场或超市之前，我会和孩子一起写购物清单，让孩子自己写出想要买的东西。这时候，广告传单就能发挥作用了：尤其是超市的海报，上面有各种各样的商品，如果孩子自己写字有困难，就可以让他（她）先从海报上找出要写的字，再抄下来就可以了。

写信 5岁的孩子，开始对写信产生了兴趣。所以，我会和孩子通信。“宝贝！早上好。”“我爱你。”“妈妈，抱抱我。”“妈妈，亲亲我。”……慢慢地，孩子的写字能力也提高了。

金智慧　恩慧的妈妈

通过找相同的字熟悉词语 通过卡片和故事书熟悉了各种词语、拟声词、拟态语、生活句型等，孩子就会了解：这些都是由一个个文字构成的。理解了这一点以后，孩子也会明白，自己认识的字可以组成其他的词语或句子。例如，孩子在故事书里看到过金鱼的“金”字，路过五金店时看到招牌，他（她）就会知道，两个“金”字是一样的。如果在这个阶段指导孩子学习，孩子能够很快掌握文字的原理。如果孩子能读懂“脸红得像苹果”，在说出“我的脸很漂亮”时，孩子就会知道，这两个句子里包含了相同的字。

学写简单的词语 刚开始学写字的时候，最好让孩子握着笔，父母扶住他（她）的手，帮助他（她）写。等孩子略微熟悉写字以后，可以把一个字中最简单的部分空出来，让孩子独立完成，慢慢地，由孩子完成的部分越来越多。这样可以很轻松地帮助孩子掌握写字的技巧。此外，写字的文具也越多越好，可以选择一些有孩子喜欢的图案或者造型的文具给他（她）用。这样可以激发孩子的兴趣，让他（她）更加专注。

通过教材强化学习 孩子对文字有浓厚的兴趣，认识的字达到100～200个时，就可以为他（她）选择一些正式的语文教材了。通过学习教材，可以让孩子有一种新鲜的感觉，进一步激发孩子的学习兴趣。不过，教材的使用时间还是要尽量短一些。大部分教材都是按照“字—词—短句—阅读”的顺序构成的。孩子熟悉了字词以后，就可以造句了，然后学习阅读。有些教材还有配套的教具，不过，这些教材最好能在老师的指导下使用。

14 用故事书学文字

用故事书学文字的四个阶段

选择适合孩子水平的故事书 刚刚开始认字的孩子，如果给他（她）看文字内容特别多的书，孩子很可能表现出拒绝的态度。如果书中的文字过小，分清每个句子都很吃力，也很难吸引孩子的视线。所以，用于孩子学习的故事书，字一定要够大，横竖在0.5厘米×0.5厘米比较合适，这样孩子比较容易接受。另外，最好选择内容经常重复的书籍。

标记出重点内容，吸引孩子的视线 妈妈在重点句子下面画上线，然后读给孩子听。如果孩子不能集中注意力，可以握着他（她）的手，两人一起画线，再由妈妈读出来。反复这样做，孩子就能把从妈妈那里听到的内容与文字联系起来了。这时候，像看图那样，孩子就能把文字也理解为一种图案了。

逐句阅读 如果以前是按照每个图讲出一个故事，从现在开始，可以逐句阅读，更详细地讲给孩子听。还可以在读完一句话后拍拍手，或强调一下首尾的音节。如果孩子能够跟得上，最好妈妈说一遍，孩子说一遍。不过，要注意：一定要让孩子的视线一直停留在文字上面。

填句游戏 把故事中的句子制作成卡片，和孩子一起把卡片放在书的相应位置上。这样可以让孩子一边看书，一边学习字卡，并重复学习。如果孩子读得很好，可以让他（她）一个人把字卡放到书中的文字上。放好后由妈妈读一遍。平时可以把常用的句子贴在孩子经常停留的地方，加深他（她）的印象。

Tips 我的家是文字的海洋

我把整个家都变成了一个文字的海洋。这样一来，孩子就可以在文字的大海里自由学习了。为孩子准备好书桌和各种颜色的纸、笔，让孩子能够随意涂写。经常写，自然能够更快地掌握文字。可以把孩子和妈妈一起念的童谣或孩子自己写的字贴在墙上。有些妈妈觉得这样很乱，但在这个时期，最好还是先忍耐一下。如果有孩子自己写的字就更好了，经常看到自己的作品，不仅能让孩子对文字更感兴趣，也能潜移默化地提高孩子的水平。当然，还可以把妈妈经常唠叨的话也写出来贴在墙上，比如，在玩具抽屉上贴上“玩具用完放回原位”，在电脑上贴上“每天只能用30分钟”，在餐桌上贴上“把饭吃干净”等。如果孩子看烦了，可以换成其他内容。

崔美兰　真英的妈妈

这样做，只能屡战屡败

强迫孩子阅读　有些妈妈不考虑孩子的实际水平，强迫孩子阅读。这种方法是不可取的。孩子不想读，是因为他（她）想像妈妈读得一样好，但很担心会失败。妈妈不要着急地催促，“你能读，为什么不读？”应该告诉孩子，即使不能像妈妈读得那么好也没关系。“如果你一个人读不好，妈妈会帮你的。”可以给孩子做出示范或提示一些重点的词语。这样循序渐进地展开指导，孩子就会越来越有自信了。

总是让孩子找字　阅读的同时让孩子找字是一种很好的学习方法。但是，如果找字的比重高过阅读本身，可能就会导致孩子拒绝阅读了。总让孩子找他（她）不认识的字，并读出来，会让他（她）觉得很有压力。

不让孩子看插图　看故事书的时候，如果孩子只看图，有些妈妈就强迫孩子把视线放在文字上。这就不太好了。孩子看书的时候，可以先由妈妈阅读文字，不必让孩子的视线离开图画，等孩子看完图以后，再让他（她）看文字内容。

添加冗长的说明　有些妈妈认为，跟孩子多说话可以很好地扩大孩子的词汇量。于是，哪怕只是说一个句子，也会添加这样那样的解释。但是，如果妈妈说的话过多，反而让孩子找不到重点。其实，看书的时候，一句一句读出书中的内容，全部读完之后，再进行一些简单的说明就可以了。

韩国图书研究专家黄京淑推荐

5岁孩子应该阅读的20本书

15

对于这个阶段的孩子来说，能否把一本书读完，或者能否全部理解其中的内容，都不重要。要鼓励孩子的是阅读的过程。在这个时期，可以让孩子阅读一些科学类书籍以及包含分类、排列等内容的基础数学书籍。

《尾巴做的事情》 5岁的孩子，开始喜欢阅读一些短篇的科普知识，甚至能够接受一些纯说明性的文字。当然，其他很多自然观察类的书籍，也都是不错的选择。（翰林出版社，韩国）

《大炮弹》 在这个阶段，虽然孩子自立性增强，但他（她）不能完全掌控整个事件，有时会因此觉得自己很没用。这本书可以帮助孩子发现自己的价值，让孩子变得更加勇敢。（飞龙沼出版社，韩国）

《干不了的纸怪物》 这是一本视角独特、语言幽默的漫画故事，适合那些不喜欢看书的孩子。（I-seum出版社，韩国）

《仙人掌旅店》 这是一本关于自然观察的书，随着深入阅读，还能从中学到很多哲学知识。它既可以培养孩子的观察力，又包含耐人寻味的道理，适合长期阅读。（Marubol出版社，韩国）

《全世界最有名的美术馆》 这本书给孩子提供了一个欣赏名画的机会。本书讲述的是狗狗们在美术馆里举行一年一度的盛大宴会的故事。充满想象力的故事一定会吸引孩子的视线，而且会让孩子对美术馆更加向往。（国民书馆出版社，韩国）

《大猩猩》 这本书可以让孩子感受到家人的重要。特别是和爸爸一起阅读本书，可以很好地促进亲子关系。（飞龙沼出版社，韩国）

《哞哞哞……奶牛来信了》 这是一本会让孩子大笑不止的书。即使不喜欢看书的孩子，看到充满想象力的图画以及出场人物独特的表情也一定会被吸引。（中央m&b出版社，韩国）

《请给小鸭子让路》 本书虽然很厚，但故事非常有趣，不会让孩子感到厌烦。（时空出版社，韩国）

《独角鹿奥拉夫》 这本书可以让孩子明白，和别人不同，并不代表就是错的。如果能够发现缺点，并努力改正，也可以把缺点变成优点。（文化儿童出版社，韩国）

《猛猛医生》 这本书可以教会孩子一些基本的健康生活习惯。主人公一些可笑的行为会让孩子觉得很有趣，并让孩子在笑声中明白哪些行为才是正确的。（宝林出版社，韩国）

《为什么？》 分格漫画分格故事，主人公也是好奇心强烈的5岁孩子。通过阅读这本书，父母可以好好思考一下应该如何应对孩子的好奇心。（更好图书出版社，韩国）

《小屁股离家出走了》 这本书可以让孩子了解不能搬弄是非。本书可以充分满足孩子的想象力。因为在孩子眼里，一切都是有生命的。（少年韩吉出版社，韩国）

《说一说》 这个年龄，正是孩子对一些外来的传说和故事感兴趣的时候。多给孩子读一些其他国家的故事，可以开阔孩子的视野，让他（她）了解世界文化。（宝林出版社，韩国）

《小顺和弟弟》 有弟弟妹妹的孩子，一定要读这本书。它很好地描述了要照顾弟弟妹妹的孩子的心理。本书内容贴近生活，会让孩子感觉很亲切。（翰林出版社，韩国）

《快乐的搬家游戏》 教孩子从1数到10，还可以教孩子玩实际的搬家游戏，把珠子从一个碗捡到另一个碗里。（飞龙沼出版社，韩国）

《用蔬菜盖章》 用蔬菜盖章是一项有助于提高手部活动能力的美术活动。根据书中的信息，可以展开很多相关的游戏。（翰林出版社，韩国）

《彼得和狼》 这本书配有CD，可以让孩子欣赏到优美的古典音乐，同时还能让孩子欣赏到很多版画风格的插图。（未来m&b出版社，韩国）

《勇敢的艾林》 这是一本专门给女孩子看的书。通过讲述勇敢战胜困难的艾林的故事，可以培养孩子的勇气和耐性。（永进出版社，韩国）

《小松的中秋节》 中秋节是传统节日，可以从中学习到丰富的传统文化。（旅伴儿童社，韩国）

《LITTLE SCOPE系列》 由童话、实验、漫画构成的科学小常识。每个故事都短小精悍，孩子阅读起来非常轻松。（黎明媒体出版社，韩国）

16

通过游戏，让5岁孩子掌握数的概念

幼儿园的课程包括语言、社会、探索、健康、表达等。而小学数学与幼儿园里的探索课内容类似。从孩子会问“妈妈，这是什么”“这个为什么这样”开始，孩子就已经开始了探索与发现。数学，绝不只是简单的数数和认识图形，而是一种把解决问题、推论、数学沟通、概念等结合在一起的综合能力。要想培养孩子的这种能力，从孩子幼儿期开始培养他（她）的探索精神，引导他（她）的兴趣是非常重要的。

到底应该怎样教5岁的孩子学数学呢？幼儿教育专家认为，游戏是最好的学习方法。韩国崇实大学数学系的黄善玉教授提出，“通过各种教具开展的游戏，可以培养孩子对于数学的好奇心以及创造性。”“即使在没有特殊教具的情况下，只要妈妈稍做努力，也可以很轻松地教会孩子计算、空间、测量等基础的数学概念。”孩子4～5岁以后，家里的扣子、棋子等，都可以成为学习计算的很好教具：把这些东西分成几组，再合到一起，或用手帕盖住一部分，然后让孩子数数剩下了几个。枕头、积木等很容易让孩子理解空间的概念。这个时期，妈妈不必直接告诉孩子晦涩的概念，只要让孩子理解表面上的变化就可以了，其他的可以让孩子自己去思考和领悟。

在家里学习数学的五个原则

符合孩子的水平　如果开始的起点过高，孩子可能会感到厌烦，对数学失去兴趣。因此，学习内容必须要符合孩子

Tips 我是这样让孩子玩的

可以学习计算基础的单双数游戏 ①用无纺布将空烟盒包起来，制成一个长方体，然后将另一块无纺布剪成数字，贴在长方体上。②把贴有数字1～20的长方体排开，让孩子按照单数和双数分出来。③和妈妈一起玩听命令的游戏：妈妈说单数，孩子就挑出单数；妈妈说双数，孩子就挑出双数。

可以学习倍数概念的图案游戏 ①按照一定顺序把各种颜色的积木排在一起。比如，蓝色、红色、黄色，然后依然是蓝色、红色、黄色，让孩子掌握规则。②如果在积木上贴上数字，可以让孩子利用积木学习倍数的概念。

申彩英　京真的妈妈

的水平和能力。这样才能帮助孩子拥有自信，也能自然而然地让孩子产生想要进入下一个阶段学习的动力，并对数学学习一直充满新鲜感。

确定好一天的学习量　适当确定好每天的学习量，这样学习起来就没有负担，而且便于培养良好的学习习惯。如果无条件地想让孩子学得越多越好，很有可能会给孩子造成压力，并让他（她）失去学习的兴趣。

使用准确的语言　虽然数学中主要使用的是数字，但数字也是一种语言。越是能够准确表达语言的孩子，就越能够准确地掌握比较、分类、空间和规则等数学的基本概念。因此，父母要尽量让孩子多听一些准确的语言。

不要让孩子像鹦鹉学舌那样背数字　对于连比较或分类都不明白的孩子，应该避免让他（她）像鹦鹉学舌那样背数字。就算要让孩子数数，也可以找一些孩子喜欢的物品，以游戏的方式进行。比如，“这是一颗糖、两颗糖、三颗糖，旁边有一个苹果、两个苹果、三个苹果，和糖一样，它们都是三个。”孩子在对糖和苹果进行分类的同时，还可以用眼睛比较物品的个数，并掌握1∶1的对应关系。

手眼并用　通过视觉了解信息、用手实际触摸，都是非常重要的学习手段。最基础的数学学习，就是从认识问题的形态开始的。如果想让孩子轻松地区分出物体的不同形态，就要创造更多的机会，让孩子可以亲眼看到、亲手摸到周围的各种事物。

17

不需要教具的数学游戏

现在非常流行数学游戏，但因为要购买昂贵的教材，让很多妈妈感到有负担。其实，那些都不是必需的，妈妈完全可以利用身边的各种材料，自己制作教具，照样能够让孩子获得很好的学习效果。

其实，妈妈应该思考的问题，并不是要不要买那些价格昂贵的教具。对于5岁的孩子来说，培养数和空间概念的教材无处不在，不需要专门购买教具。就算把全世界的文学名著都买回家，如果孩子不读，也是没有任何用处的。妈妈要考虑的，并不是要不要购买教具，而是应该通过“妈妈牌”的教材和教具，在游戏中，帮助孩子掌握基础的数学概念。

不需要教具的数学游戏

穿线

材料　线、针、针线板（把一张厚纸板裁成20厘米×10厘米大小，保留上下各3厘米，左右各5厘米的空白，上下各画一条长10厘米的直线，然后按照1厘米的间隔在上下两条直线上各穿9个洞，在洞的上下两侧分别写上数字1～9）。

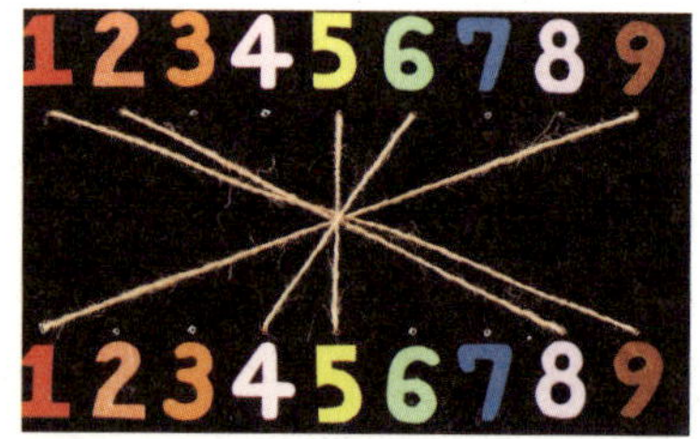

玩法　把加在一起等于10的数用线连接起来。这样可以让孩子很快熟悉10以内的加法。所有的线会通过一个点呈现出对称的状态，这也可以让孩子学习到对称的概念。

Tips 美国人对教材说“No”

美国儿科学会指出，让5岁之前的幼儿进行教材、试卷等没有具体操作的学习活动，都是不正确的。孩子必须先通过具体的事物掌握概念，然后才能够理解抽象的符号。因此，教孩子算数的时候，也应该通过日常生活中的各种游戏，引导孩子理解数和图形的概念。教孩子加减法的时候，与其重复告诉孩子“5-3=2”，还不如拿几块糖果，问孩子，“5块糖，吃掉3块，还有几块？”这样的方式，孩子会更易于接受。

在家制作“蜘蛛丝”

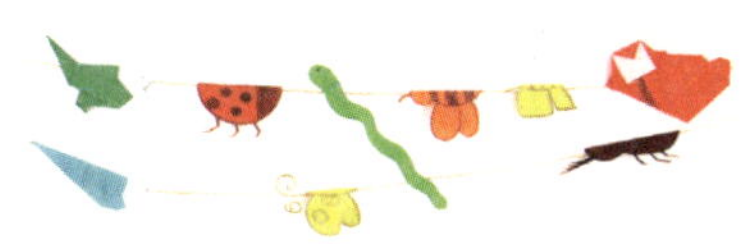

材料 粗线、彩纸。

玩法一 在家里的钉子或挂钩上挂上线，制作成一条“蜘蛛丝”。在彩纸上画上昆虫，然后剪下来对折。用胶水或胶带把这些“昆虫”贴在“蜘蛛丝”上。

玩法二 在“蜘蛛丝”底下铺一块大毛巾或席子，装饰成野外的样子。让孩子从“蜘蛛丝”底下穿过，一边摸摸各种“昆虫”，一边看看哪个比较大，哪种昆虫最多。这个游戏可以让孩子学习到对称、长度以及大小的概念。

收集围棋子

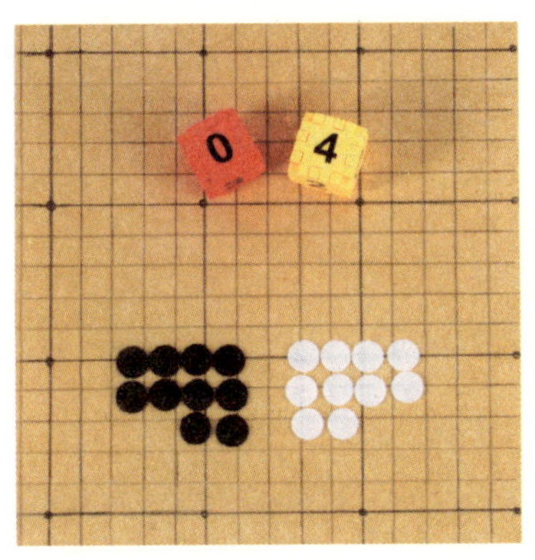

材料 标有数字0～5的骰子两个、围棋盘、围棋子。

玩法 确定好数字以后，扔出两个骰子，按两个骰子之和收集围棋子。如果孩子对加法还不熟练，可以先扔一个骰子，如果出现数字4，就让他（她）拿4个围棋子，然后再扔第二个骰子，如果出现数字2，就让他（她）再拿2个棋子。孩子慢慢熟悉了加法以后，可以先让他（她）说出两个数字的和是几，然后再让他（她）拿几个棋子。

骰子游戏

材料 标有0～5个点的骰子一个，标有数字0～5的骰子两个，相同大小的积木数个。

玩法 妈妈和孩子同时扔出标有点的骰子，然后比较哪个点数多，多的人可以拿走一块积木。积木全部被拿走后，再比较谁的积木多。也可以用数字骰子进行同样的游戏。孩子熟悉了加减法以后，可以给游戏进一步增加难度。例如，当孩子扔出4点，妈妈扔出1点，孩子就可以拿走3块积木。

钟表游戏

材料 奇怪的钟表1个（时针长度一样、数字排列混乱）、正常的钟表1个。

玩法 5岁的孩子还不会看钟表，不能让他（她）死记硬背，所以最好通过游戏告诉孩子钟表的原理。先把奇怪的表和家里正常的表放在一起，让孩子比较一下两者的差别。如果孩子答对了，可以奖励他（她）一块糖果或亲亲他

（她）。当孩子熟悉了表的外形以后，就可以教他（她）认识整点了。告诉孩子，长表针指的是分钟，短表针指的是小时。然后，可以由妈妈扮演分针，孩子扮演时针，摆出一个6点的造型："妈妈是长表针，所以应该待在12上，你要是想变成6点，应该待在哪个数字上？"通过这样的游戏，孩子会对时间以及钟表产生浓厚的兴趣。

算数

材料 写有数字1～5的卡片、写有运算符号（加号、减号）的卡片、不透明的袋子两个。

玩法 一个袋子里放数字，另一个袋子放运算符号。孩子从数字口袋里拿出两张数字卡片，妈妈从符号口袋里拿出一张符号卡片，然后让孩子对两个数字进行运算。

找不同

材料 几张类似的图片。

玩法 把两张类似的图片并排摆好，让孩子认真看，并找出不同的部分。妈妈也可以把一个小故事按照情节画成5～6张图片，然后把图片混在一起，让孩子重新排列顺序。

幼儿特殊教育专家、韩国首尔教育大学的郭劳伊指出，“恩物是很好的玩具，可以有效地提高孩子的思考力、创造力以及数学能力”“必须要让孩子一边玩，一边理解其中的原理。但是，现在无论是父母还是各种补习班，都更偏重于孩子的基本知识教育”。

18 怎样发挥数字游戏教具的作用

怎样才能提高孩子的创造性呢？现在，“恩物”几乎成了幼儿教育的代名词，“连这个都不知道就太落伍了。”而“ORDA”被看做是最好的数学教具。下面，就来看看妈妈的经验之谈吧！

Tips 以教具为中心的教育会妨碍孩子的创造性

韩国美萨研究所发表的《创造性报告》中提出，以教具为中心的教育，反而会妨碍孩子的创造性。据调查结果显示，只通过教具来培养孩子创造性的教育，与采取其他多种教育方法相比，孩子的扩展能力明显不如后者。扩展能力，指的是在创造性的代表区域中，对原有的一切进行变形或者加入自己的想法，创造出一定独创性的能力。据分析，之所以会出现扩展能力降低的情况，是因为教具虽然种类多样，但大多是固定的形态。事实上固定形态的教具，反而会限制孩子的表现力。其实，错误的学习方法，要比教具本身存在更大的问题。利用教具学习只能是无数学习类型中的一种。现在流行的创造性教育，是在购买了教具以后，让孩子利用几个月时间反复学习，这样反而会起到阻碍孩子创造性发展的作用。

数学游戏的代表教具：恩物和ORDA

恩物 它是德国的教育学者福禄贝尔在1837年专门为儿童研究制作的教材、教具的统称，又称福禄贝尔教具、福氏教具。利用恩物制作出线、面、图形后，可以帮助孩子了解数学概念，特别是可以增强孩子的空间感觉。恩物分为10个阶段，孩子从24个月开始，一直到小学，可以按照不同的阶段进行学习。很多教育机构都提供此类课程，次数是每周1次（一般为40分钟），一个月4次。针对不同的孩子，上课时间也会略有差别。有些幼儿一次只能上20分钟，而有些高年级的孩子，却可以一周上2～3次40分钟的课。父母最好根据各种课程情况以及孩子的适应能力，与老师沟通之后再确定孩子上课的时间。

擅长恩物教育的妈妈

一整天都在玩恩物（安民京　浩俊的妈妈）

昂贵的玩具，却被束之高阁 在恩物正式流行之前，我就买了。因为这种教具价格比较贵，一直被收在柜子里，感觉没有什么用处。恩物虽然名为教具，但应该被看做是孩子的一个玩具。父母不能只想着让孩子如何利用恩物达到更高的学习目的。现在，我把这些教具都交给了孩子，让他（她）随便玩。于是家里到处都散落着恩物，孩子一玩就是一天。

积极听老师上课　本来，我根本不知道恩物是什么，购买恩物是家庭教师要求的。在老师给孩子上课的时候，我也会在旁边听，有不明白的就问。慢慢地，我开始理解恩物的概念了。买了恩物以后，孩子不必完全依赖老师上课了，我可以先从老师那里偷师，然后自己利用这套教具指导孩子。

对孩子的反应保持一颗平常心　当看到其他孩子取得很大进步的时候，作为妈妈，心里难免有些着急。不过，一定不要在言谈上表现出这种着急来，应该继续支持孩子。当孩子有一天突然说出或做出一些妈妈没想到的事情时，妈妈一定会觉得很幸福。

食物链游戏

道具　正方体（3个恩物）、长方体（4个恩物）、各种恩物盒子。

玩法　按照蜻蜓—青蛙—蛇—老鹰的顺序，用盒子套盒子，向孩子解释什么是食物链。可以从网上下载一些图片，用图片代表组成食物链的各种动物。如果没有恩物盒子，可以用其他大小不等的纸盒代替。

ORDA教具　以色列的父母都很喜欢让孩子玩ORDA。ORDA在希伯来语中的意思是“智慧之光”。ORDA本来是以色列一家益智玩具制作公司的名字。ORDA的形式包括卡片、珠子、拼图、积木等，既可以一个人玩，又可以2～4个孩子一起玩。这种教具可以通过游戏提高孩子们解决问题的能力，并增强孩子的进取心和合作能力。ORDA中的骰子，还可以帮助孩子在玩的过程中掌握数的概念和计算方法。文化中心、家庭教师以及ORDA教育中心都提供相关的课程，一般是每周1次，包括休息在内的上课时间从40分钟到110分钟不等。每个小时孩子的游戏种类大约是3～4种。

擅长ORDA教育的妈妈

关上电视，笑声更响亮（裴贤珠　尹哲的妈妈）

提高了孩子的数学能力　很多妈妈认为，只要有了ORDA教具，孩子就能够学会数学。这显然是一种错误的想法。ORDA教具确实能够提高孩子的数学能力，但它并不是万能的。尹哲从3岁开始接触ORDA教具，但到现在还不太会加减法。不过，孩子的思考能力的确有了很大的提高。ORDA游戏更重视过程而不是结果，所以孩子在独自玩耍的过程中，思考能力会逐步提高。但是如果妈妈的要求过高，反而会引起相反的效果。

让孩子多和不同的人玩 很多时候，孩子使用ORDA教具学习是需要老师指导的。但有的妈妈，等到老师一走，就会把教具收拾到抽屉里。其实，即使没有老师，也应该让孩子坚持ORDA游戏，否则，孩子是很难进步的。ORDA游戏对象也是越多越好。尹哲在跟不同的人玩游戏时，表现也是不一样的。和弟弟一起玩的时候，尹哲会像个小老师一样教弟弟，而和邻居家的哥哥一起玩的时候，尹哲又会乖乖地向哥哥学习。可见，与不同的人一起玩ORDA游戏，孩子思考的问题也不一样。

让ORDA代替电视 从接触ORDA游戏开始，我们家的电脑和电视就进入了半退休的状态。现在，吃过晚饭以后全家都围坐在ORDA前面，在笑闹声中，一两个小时很快就过去了。尹哲本来很爱看动画片和玩电脑，自从开始玩ORDA以后，孩子与电视和电脑的距离就越来越远了。我们约好：每天只在6点的时候看一集动画片，至于电脑，只能周末两天各玩一个小时。尹哲遵守得很好。在我们家，ORDA不仅教会了孩子数学，还促进了家人之间的亲密关系。

数学宾果游戏

道具 数学宾果游戏教具。

玩法 数学宾果是一个必须要进行加法的游戏。因为尹哲还不会加法，我们是先从记忆游戏开始的。准备几张数字卡片，然后让孩子找出加在一起是5的两张卡片。例如，找出数字2和3，这两张卡片加在一起就是5。经常这样玩，孩子很自然就会知道，2和3在一起就是5。如果孩子不会做加法，这种方式教孩子是很好的。当然，也可以通过这种方式让孩子学习奇数和偶数的概念。

Tips 以教具为主展开学习时出现的问题

就算记住了晦涩的图形名称，依然无法将数学原理抽象化 以教具为中心的学习，在培养创造性和数学能力方面有很好的效果。长时间使用恩物或ORDA等教具的孩子，都具备丰富的数学知识。但是，在需要将这些数学知识抽象化的时候，这些孩子会遇到比没有使用过教具的孩子更大的困难。因为孩子之前的学习完全以具体定形的物体为主，因此将数学原理抽象化的能力明显不足。

如果没有教具就无法应用学到的东西 上课时过分依赖教具的孩子，在日常生活中或在没有教具的情况下，常常无法应用通过教具学习到的知识。创造性是需要不断探索和扩展的，在熟悉原理的过程中，教具会有一定的帮助，但是在孩子超越了记忆力、理解力、分析力后，需要发展更高层次的综合能力、应用能力、评价能力时，教具反而会成为一种阻碍。

没有教具的课堂也失去了趣味 通过教具上课的时候，可以直接触摸和操作教具，但小学的教学更趋于平面化，这就很可能会让孩子失去学习的兴趣。为了解决这个问题，很多父母会选择教具与教材同时进行。这种做法其实并不妥当。因为这并不会完善课程的不足，反而会对孩子的自由思考造成妨碍。

19 学习英语，从拼读开始

5岁的孩子，已经可以用母语准确地表达自己的意思了。对于语言，这个时期的孩子也有了一定的概念。因此，父母已经可以通过游戏和学习并行的方式对孩子开展英语教育了。多给孩子阅读一些英文故事，对他（她）会很有帮助。

5岁以后，大部分孩子已经完全掌握了母语。这表明，孩子对包含了具体的事物、周围环境、自我意识等语言概念有了一定的认识。有了这种语言概念作为基础，就可以让孩子开始学习第二种语言了。

不过，虽然已经掌握了母语，但很多孩子可能对英语还是完全摸不着头脑。如果用英语交流，这些孩子既听不懂对方在说什么，又不知道该如何表达自己的意思。如果强迫孩子说英语，很有可能引起孩子的抵触情绪。因此，在这个阶段，学习英语最好还是以单词为主，先刺激孩子对英语的好奇心。学习单词的目的仍然是为了沟通，妈妈要多用英语跟孩子展开日常交流，训练孩子的听力。

美国外交部附属机构的调查显示，美国人在学习东方语言的时候，如果想用于正常的工作，至少需要学习4375个小时。要想培养一个精通英语的孩子，就必须让他（她）多听，可以让孩子看一些英文电视、电影以及英文故事，让孩子慢慢熟悉英语。

从阅读英语故事开始

在这个时期，多给孩子阅读英文故事，对开展英语教育很有好处。此时，孩子的发育正处于一个能够理解抽象和具体概念的阶段，让孩子听英文故事恰恰就契合了这个特点。在这些故事中，不仅有孩子的日常生活，还包括了童话以及特别的情节。这些故事既能够对孩子进行英语教育，又能够培养孩子的想象力和创造力。由于孩子的语言中枢到5～6岁的时候才能发育完全，在这之前，如果父母的要求超出了孩子的能力范围，就会给孩子造成压力，出现相反的效果。所以，在这个时期，一定要随时观察，学习英语是否让孩子感受到了压力。

刚刚接触英语的孩子

对于这样的孩子，最好展开以拼读为主的英语教育。熟悉了字母和音节以后，孩子会觉得英语也不是那么难。通过富有韵律的发音，孩子还可以熟悉英语的规则。如果送孩子去英语幼儿园，最好能先确认，那里是否配有能听懂本国语言的老师。这个时期的孩子，会经常使用与要求相关的语言。即使在幼儿园，孩子也会经常向老师要求这要求那，如果幼儿园里只有完全听不懂本国语言的外教，孩子会因为自己的要求屡屡得不到满足而产生挫败感。别人不听自己说话，也会让孩子感到不安。情绪陷入不安的孩子，英语学习的效果自然会明显下降。因此，选择幼儿园的时候，一定要问清楚，除了外教，这里是否还有能听懂母语的老师。

关于英语教育的答疑

Q　孩子最近特别爱看书，我就想试着给孩子讲英文故事。不过，在读这些英文童话的时候，是应该用英语还是母语呢？孩子并不会英语，如果用英语讲给孩子听，孩子可能完全听不懂，怎么办？

A　在给孩子读英文故事的时候，不要让孩子眼睛看着英文句子，耳朵里听到的却是母语；也不要给孩子逐句翻译，在英文和插图之间穿插母语，这样孩子无法形成英语式的思维。应该从一开始就只用英文给孩子阅读，虽然孩子听不懂，但这可以勾起他（她）的好奇和兴趣。在正式阅读之前，可以先找到这本书的译本读给孩子听，这便于孩子理解内容。在孩子完全理解了以后，就可以给他（她）读英文原版了。这样一来，就算听不懂英语是什么意思，因为已经知道了故事内容，配合着插图，孩子还是可以跟得上故事情节发展的。用英语给孩子读故事，可以让孩子接受：同一个意思，英语的表达方式和平常听到的语言表达方式不同。阅读的时候，妈妈最好能用手指着文字，这样就算孩子的注意力都在插图上，妈妈也不要忘记，随时让孩子看到自己正在读的是哪一句话。

Tips 学过一点英语的孩子

如果不是初次接触英语，最好能让孩子按照7：3的比例来进行生活会话和语法方面的学习。当然，根据孩子的不同英语水平，学习方法也会略有不同。如果孩子以前曾经学习过英语，并且对英语比较熟悉，最好让孩子慢慢接受语法学习。如果想送孩子去英语的课外班，最好选择有外教授课的，这样可以增加孩子多听多说的机会，也能培养孩子的自信。

Q　在读英文故事的时候，孩子总是会问很多问题。可能因为挑选的都是比较简单的故事，孩子多少能够理解一些。不过，总是在阅读过程中被问到各种问题，我的水平又做不到用英语给孩子解答。我该怎么办呢？

A　对于孩子的问题，不必一定要用英语来回答，但能用英语回答的就用英语回答。如果答案比较长，或孩子理解起来有困难，也可以用母语来解释。不过，如果问题多到打断了故事的节奏，则意味着孩子的注意力无法完全集中在故事内容上。这时候，可以通过一些相关的活动来满足孩子的需要。例如，让他（她）以故事内容为中心画画，或让他（她）看看相关的英文录像带。

Q　孩子已经通过游戏熟悉了一些简单的单词和句子。不过，孩子却还不知道ABC，也不肯读字母表，有没有什么方法可以在家里教孩子学ABC呢？

A　这个时期的孩子，即使学英语，也应该从玩游戏开始。在家里教孩子认字母的最好方法，就是利用教具。例如，用拼图学习字母大小写，用一些动物和水果图片学习字母等。在开展这些学习的时候，一定要考虑到孩子的性格和爱好，要以他（她）感兴趣的事为中心展开学习。当孩子对字母产生了一定兴趣以后，就可以通过涂色，勾起他（她）书写的欲望。一定不要让孩子觉得这是一种学习，而应该尽量通过一些灵活的方法，让孩子觉得这是一个有趣的活动。

20 艺术才能的教育路线图

5岁以后，很多妈妈开始正式对孩子进行钢琴、美术、芭蕾舞以及体育等方面的教育了。她们认为，孩子的认知能力已经发展到能够接受这些训练的程度了。事实上，有些项目对5岁的孩子来说还是为时过早。

音乐教育

音乐教育从欣赏开始，乐器教育最好从小学开始　如果从小学习音乐，可以开发孩子的音乐才能。如果同时注重孩子语言发育、记忆力、创造力、注意力、耐性方面的培养，孩子就会充满自信，积极向上。但是，钢琴、小提琴等乐器的学习，却不宜让孩子过早学习。韩国幼儿音乐专家、江南大学幼儿教育系教授朴明淑建议，“应该在上小学以后再让孩子学习乐器。但是可以尽早开始一些基础的音乐教育，例如，通过欣赏音乐锻炼孩子的听力；利用打击乐器培养孩子的节奏感；一边听钢琴声一边活动身体，以此开发孩子对音乐的感觉”。

钢琴（满5岁后）　要想学习乐器，必须有乐感，而且能认识乐谱，这是必不可少的先决条件。4～5岁，虽然小肌肉的发育已经完全可以学习钢琴了，但是，学习钢琴还需要能看懂乐谱以及具备活动手指的能力。所以，至少也要等到6岁，孩子可以看懂文字的年纪再学。如果孩子学钢琴年龄过小，可能会引起孩子手指变形，影响肌肉和骨骼的发育。

小提琴（满6岁后） 要想学习演奏小提琴，必须具备可以按住琴弦的手指力量，以及能够拉动琴弓的手臂力量和调节能力。通常，孩子要在满6岁以后才能符合这些条件，所以最好那时再让孩子学习拉小提琴。

长笛（8~9岁后） 长笛、单簧管等乐器都要求演奏者具备一定的肺活量。这些乐器尺寸是固定的，如果孩子年龄太小，可能手指够不着乐器。所以，最好让孩子8～9岁以后再学习。这些乐器相对比较易学，一般学一年左右就能掌握基本的方法了，它们适合作为一项生活爱好。

民族乐器（鼓或长鼓、枷倻琴或短箫，满4岁后） 满4岁以后，可以通过鼓或长鼓等打击乐器培养孩子的节奏感，也可以学习演奏枷倻琴（又称朝鲜筝，朝鲜族拨弦鸣乐器）、短箫（朝鲜族吹奏乐器）和奚琴（朝鲜族拉弦乐器）等民族乐器了。枷倻琴适合性格沉静的孩子。奚琴适合活泼开朗，左手力量较大的孩子。学习短箫要求肺活量大，而且学习者具备足够的耐性。

美术教育

以评级为目的的学习，应该从7岁开始，小时候应该以培养创造性为主 3～4岁左右，就可以对孩子进行美术教育了。通常，大家会选择一些私立的学校或课外班对孩子进行美术教育。在这个阶段，其实并不应该无条件地把孩子送进课外班学习绘画技巧、训练孩子的表现力或开发孩子的潜能等。课外班的单一性教育反而会扼杀孩子的创造性。正确的美术教育应该是培养孩子的自我表现能力和创造力。除了绘画，妈妈还可以协助孩子进行折纸、捏橡皮泥等活动。这些活动都对孩子增强美术修养有重要的意义。

不过，妈妈毕竟不是专家，教孩子美术知识的时候，可能会在很多方面感到力不从心。这时候，可以聘请私人美术老师，让老师上门来指导孩子绘画，并和孩子共同完成一些美术活动，还可以让孩子参加一些个人课程，3～4个孩子组成一个小组，共同上课。如果送孩子去美术学校是为了以后进行评级，或让孩子接受更高级的课程，最好在孩子满7岁以后再逐渐进行这方面的学习。

体育教育

从幼儿期开始进行，让身体留住记忆　学习音乐，需要用头脑来掌握技巧，如果不坚持练习，很快就会忘记学习过的内容。但是，体育是通过身体记忆的，幼儿期学会的运动，将会伴随孩子的一生。幼儿期是身体和运动能力发育最旺盛的阶段，在这个时期为孩子开展正确的身体活动，是孩子健康成长的必要条件。这时候学习芭蕾舞、跆拳道、体操、游泳等项目，可以让孩子受益终身。

游泳（3～4岁）　游泳可以均衡发展全身的运动能力，提高心肺功能。3～4岁的时候最适宜学习游泳。这项运动可以很好地消除赘肉，是一项非常适合肥胖儿童的运动。在水中活动身体，可以增加肺活量，还能锻炼平衡感和四肢的协调性。

跆拳道、剑道（小学二年级）　跆拳道和剑道都需要活动整个身体，可以很好地增加身体的柔韧性，并培养孩子一定的防御能力。这两项运动对于礼仪教育也很有好处。不过，因为这两项运动中有很多剧烈动作，不宜让孩子在5岁之前学习。开始学习这两项运动的年纪，最好是在骨骼已经基本发育完全的小学二年级左右。

芭蕾舞（3～4岁）　芭蕾舞是当前很受欢迎的一项教育内容，它可以梳理体型，让学习者保持身材匀称。学习芭蕾舞，最好在4岁左右开始。这个年纪的孩子，肌肉和骨骼已经发育到一定程度，具备了一定的音乐理解力和身体表现力。在9岁之前，孩子最好只学习一些脚尖和手指的基本动作就够了，如果急于求成，可能会引起孩子骨骼变形。

21 该送孩子去什么样的早教机构

幼儿园、儿童之家、亲子园、美术兴趣班、音乐兴趣班、双语幼儿园、幼儿艺术团……如此多的早教机构，到底该送孩子去哪里呢？

妈妈们为什么选择这里

公立幼儿园 与小学配套设立的公立幼儿园，在韩国因为国家承担一部分费用，所以比私立幼儿园便宜很多，每月不超过4万韩元（约合人民币240多元）。不过，公立幼儿园也存在着一些缺点，例如课程设置不够丰富，只有教育部要求的基本课程，英语、计算机、艺术等课程涉及相对较少。如果想让孩子学基本课程以外的内容，还需要另外的支出。公立幼儿园入园也不太容易，必须父母都是双职工才行。

妈妈 李京敏

私立幼儿园 和公立幼儿园相比，私立幼儿园的费用比较贵，每月15万～20万韩元（约合人民币900~1200元）。但是，这里的课程设置非常丰富，包括英语、计算机以及音乐、美术等艺术课程，还经常举办各种课外活动。当然，参加这些活动还需要另外收费。不过，私立幼儿园的品质良莠不齐，在选择的时候，一定要倍加慎重。

妈妈 尹真善

私立小学的附属幼儿院 因为丈夫在大学任职，所以就送孩子去了大学的附属幼儿园。选择这里，也是因为想让孩子到时候直接升入小学。对于这里的课程和设施，我们都很满意。

Tips 选择早教机构的注意事项

1 检查教师资质。

2 检查设施是否卫生、安全。

3 查看开设的课程。

4 检查教师与学生的人数比例。

5 尽量选择离家或公司较近的地方。

6 确认费用。

7 察看每日菜单。

8 检查室内卫生状况。

9 确认接送孩子时间。

每月的费用是18万～20万韩元（约合人民币1000~1200元），比一般幼儿园稍贵，但我们还能接受。

妈妈　金真贤

美术幼儿园　本来想送孩子去公立幼儿园，但那里要等很长时间才招生。因为不想多等这6个月，就送孩子去了美术幼儿园。这里可以随时入园，设施和课程也还算让我们满意。不过，这里似乎太注重学习了：孩子要学写作文，学两位数的加减法，幼儿园每天还要留作业。不知道别的美术学院是否也是这样，但我感觉孩子在这里的学习负担太重，打算明年送孩子去公立幼儿园。这里一个月的费用大约是16万～18万韩元（约合人民币970~1000元）。

妈妈　宋美京

双语幼儿园　因为双语幼儿园费用比较高，开始的时候我很犹豫，但想让孩子尽早开始学英语，所以选择了这里。在这里，所有的课程都是用英语进行的。孩子的英语水平提高得很快。现在，孩子的听力甚至比我还要好。不过，这里的正式课程里没有语文以及数学，还需要另外学习，但每科收费15万韩元（约合人民币900元）。因此，平均每个月的支出要在100万韩元（约合人民币6000多元）左右。其实，如果想让孩子说出流畅的英语，光靠上双语幼儿园是不够的。孩子上小学以后，也要坚持每天学习两三个小时的英语，到五年级的时候，才能说出一口流利的英语。幼儿园里还有一些针对上学准备的辅导班，虽然费用很高，但效果还是令人满意的。

妈妈　郑贤淑

儿童之家　我送孩子去的是儿童之家，这里的设施不错，老师也都是幼儿师范毕业的，对孩子很和蔼。和幼儿园

把孩子交给别人之前要做的15件事

1 让孩子感受到父母的信任和安全感。

2 不要对孩子感到抱歉和不安。

3 遵守与孩子的约定。

4 教给孩子如何要求老师帮助。

5 教孩子学会自己吃饭。

6 教孩子学会整理自己的东西。

7 指导孩子区分自己和别人的东西。

8 培养孩子早睡早起的习惯。

9 培养孩子清早排便的习惯。

10 送孩子去幼儿园的时候，要帮他（她）选择方便穿脱的衣服。

11 一定要让孩子吃好早饭。

12 教孩子学会各方面的礼节。

13 要叫孩子的大名，不要再使用昵称。

14 要帮助孩子认识到，幼儿园是很好玩的地方，有很多玩具，还有和蔼的老师。

15 告诫孩子过马路的时候要看信号灯、学会排队、不跟陌生人走等。

相比，这里价格低廉，还能推迟接孩子的时间，觉得很方便。以前也送孩子去过私立的儿童之家，但那里经常更换老师，而且老师对孩子也不够亲切，课程和硬件设施都比较差。由此可见，儿童之家的水准也是各不相同，最好先实地考察之后再做决定。

妈妈　金宝美

幼儿艺术团　去年送孩子去的儿童之家，今年转到了幼儿艺术团。儿童之家是以照顾孩子的生活起居为主，幼儿园艺术团除了艺术，还开设了游泳、芭蕾舞等课程，似乎更适合5岁的孩子。不过，在艺术团里，孩子认知学习的内容相对较少，所以明年我准备送孩子去幼儿园。因为必须要学习一些语文和数学，为上学做准备。我的孩子天生比较活泼，邻居家的孩子只上了6个月，就因为不能适应而放弃了幼儿艺术团。所以，如果想去幼儿艺术团，最好考虑清楚孩子的体力能否承受。

妈妈　崔善希

Tips 孩子上幼儿园后，妈妈需注意的12件事

1 需要两周左右的适应时间。

2 态度轻松地向孩子询问幼儿园的情况。

3 随时与老师保持联络。

4 参加父母课程。

5 教师节或其他特别日子，为老师准备礼物时不必感到过大负担。

6 去幼儿园的时候，注意自己的仪表。

7 与老师沟通的时候，不要涉及私生活。

8 偶尔可以准备一些点心让孩子带到幼儿园送给其他小朋友。

9 关注孩子学会的各种技能。

10 为孩子准备的物品全部写上孩子的名字。

11 不让孩子携带没有得到幼儿园允许的食物或玩具。

12 尽量让孩子避免迟到、早退、缺席等状况。

22 根据孩子的性格特点选择学习方式

别人用的教材就一定适合自己的孩子吗？有人说A好，有人说B好，这让妈妈难以抉择。到底该如何为孩子选择一份合适的教材呢？

选择学习方式前的检查

选择一套适合自己孩子的学习材料，确实不是一件容易的事。因为选择得好，当然没有问题，但如果选择得不好，反而会打击孩子的学习兴趣。专家建议，必须要根据孩子的性格和实际情况选择学习教材。选择教材最好的方法，就是先和孩子讨论，然后再决定。不过，由于5岁的孩子还不具备收集信息的能力，也无法自行选择教材。专家建议，至少在形式上要让孩子感觉自己也参与了决定。妈妈在做出选择的时候，一定要考虑到孩子的年龄和实际能力，千万不要好高骛远。如果选择的教材不合适，不但对孩子无益，反而有害。

根据孩子的性格特点选择学习方式

特别怕生，不愿意出门的孩子　网上在线学习是一种独立完成、安静的学习方式，比较适合这类孩子。如果有人在旁边参与意见，或与其他孩子一起学习，可能会让孩子失去学习的兴趣和耐心。特别是对于那些喜欢玩电脑的孩子，在线学习可以让他（她）在家里学玩兼顾，值得推荐。

活泼外向的孩子　性格活泼、竞争意识强的孩子适合集中了少数优秀孩子的小班教学方式。每天和小朋友们在一起，接受老师的集中辅导，可以迅速提高孩子的整体实力。

非常听妈妈话的孩子 如果妈妈从幼儿期开始就一直指导孩子学习，非常了解孩子的特点，现在依然可以采取这种方式。这类孩子已经与妈妈形成了非常良好的关系，在妈妈的引导下，会发挥出最大的潜能。和孩子约定好每天的学习时间，然后共同遵守约定就足够了。

注意力涣散的孩子 注意力涣散的孩子，最需要的是一对一的学习。如果在教孩子的过程中，妈妈经常发火，或感到有压力，可以聘请其他的老师来指导孩子。家庭教师比较适合这类注意力不容易集中的孩子。因此，一定要注重培养孩子养成正确的学习习惯。

喜欢读书的孩子 当孩子和妈妈都对学习很有热情的时候，可以同时展开在线学习和教材学习两种方式。这就更需要妈妈的积极性了，因为妈妈必须要付出足够的时间和精力。可以先学习教材，然后再通过在线测试，加以深化。

处处为他人着想的著名CEO——安铁寿

安铁寿，是韩国国内最著名的青年CEO，他被所有职场人视为奋斗的标杆。在进入公司之前，因为想要学习到更多的东西，安铁寿先进入了生产一线。在那里，他是大家公认的最关心员工的老板。年纪轻轻就取得了如此卓越的成就，无论是谁，都难免会产生一些自负和骄傲的情绪，但安铁寿却不这样，他能够处处为别人着想。之所以这样，安铁寿坦诚，是在向他的父母学习。安铁寿的父亲是韩国釜山的一名医生，经常参加医疗志愿者活动。他的母亲，也是处处以他人为先。从安铁寿很小的时候开始，父母就已经对他使用尊敬的语言了。在这样的环境下，安铁寿自然而然地也学会了对他人使用尊敬的语言。即使在入伍以后，对部下说话的时候，安铁寿也是如此，并因此受到了大家的拥戴。

此外，母亲还教导安铁寿，凡事都应该从基础做起，循序渐进。安铁寿上小学的时候，性格内向，学习是中等水平；初中的时候，成绩开始有了提高；到了高中，成绩更加优秀。高三的时候，安铁寿终于拿到了全校第一名。正是这样的一种精神，让安铁寿的企业从一家小公司逐步发展成韩国最好的合资公司之一。

Part

03

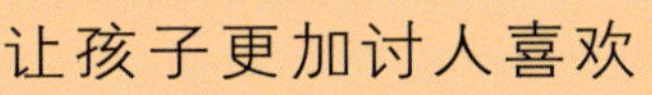

让孩子更加讨人喜欢

必须培养孩子的社交能力

23

屋顶上的露营

在我们小的时候，没有现在这么多宾馆酒店，长途旅行的时候，都是带着帐篷去露营。现在想想，那是多么有趣而又令人难忘的经历啊。搭帐篷，然后在里面吃东西、睡觉，可能比旅行本身还要有意思。

在海边尽情奔跑玩耍之后，和爸爸妈妈一起用野外炊具做一顿简单的晚餐，可能晚餐里还会带有沙子，但吃起来似乎更加香甜。夜幕降临以后，所有人横七竖八地躺在帐篷里，数着天上的星星，在海浪声中进入甜蜜的梦乡。

露营，对孩子来说，有着特殊的意义。在野外，虫鸣阵阵、夜风徐徐的生活，是一种非常特别的体验。这种感觉也会深深留在孩子的记忆中。如果最近一段时间，孩子总是感到生活无聊，不妨带他（她）去露营吧。家里的院子、公寓前的草地、屋顶上……搭起帐篷，就可以露营了。要是再约上孩子的几个好朋友，那他（她）一定会更加开心。可以和其他小朋友的父母一起商量好露营计划，然后确定好时间，定期举行。很多时候，光是准备的过程，就足以让孩子兴奋不已了。如果计划在野外露营，一定不要忽视了防蚊虫和保暖措施。即使是夏天，夜里的温度也比较低，特别是屋顶这样的地方。所以，最好在帐篷里铺上垫子，还要给孩子盖好毯子。

在星空下度过这样一个夜晚，无论是整天忙忙碌碌的父母，还是充满了好奇心和冒险精神的孩子，都将成为他们平淡生活中一种生趣盎然的体验。

24 如何在与孩子的主权争夺战中取得胜利

在养育孩子的过程中，父母绝对不能被孩子牵着鼻子走。一定要明确家里的主导权应该掌握在谁手里。下面就来检查一下，看看你是一个能够把握和引导孩子的好妈妈吗？

所有的父母可能都有这样的想法：只要能让孩子幸福，自己可以做任何事情。其实，这种态度本身就存在着问题。有些时候，为了让孩子开心，父母可能会破坏掉由自己制定的规则和界限。美国教育学博士米歇尔·伯巴建议，"你一定要认识到：你是父母，在父母与子女之间，你必须要掌握主导权。"他还指出，父母的指导和标准，是保证孩子正常成长的一个重要因素。在育儿过程中，令人挠头的问题简直层出不穷，现在就来看一看，遇到下面这些问题的时候，你需要怎样处理。

状况一　孩子已经在公园里和小朋友玩了很长时间，现在该回家了。而且家里要来客人，所以必须要让孩子回家。虽然跟孩子说了两次，不要玩了，该回家了。可是，孩子却没有要停止玩耍的打算。这时候你会怎么做呢？

A 强行把孩子拉出来。

B 告诉孩子如果现在回家就给他（她）买好吃的。

C 最后再跟孩子说一次要回家的话，同时想也许客人会晚些到。

正确答案是A。与家里要来客人这件事相比，更重要的是，你已经告诉孩子应该走了，而且必须要走，没有其他任何理由。可以在准备离开前5分钟，给孩子提示。因为大多数孩子在玩得高兴的时候，是很难马上停止游戏，跟妈妈回家的。但是，如果一直提醒他（她），只会增加与孩子纠缠的时间。如果不想让孩子觉得还没有到真正要走的时候，就不需要一直提醒他（她）。用买好吃的来与孩子做交易，只会让孩子变得越来越不合作。只要到了该离开的时间，就应该果断地把孩子带走。就算孩子哭闹也不用理会他（她）。一定要让孩子知道，当父母说该走的时候，就是"真的要走了"。

状况二　带孩子去商店，孩子闹着要买玩具。严肃地告诉他（她）"不行"，孩子却开始大哭大闹。要买的东西还没买，又不能立刻带孩子回家，这时候你会怎么做呢?

A 告诉孩子会给他（她）买其他的东西代替那个玩具。

B 不理会孩子的哭闹，继续购物。

C 把孩子拿的玩具放回原处，然后带他（她）离开商店。

正确答案是B或者C。孩子在情绪没有完全调整好的情况下，很容易发更大的脾气。如果孩子从小就通过这种方式获得想要的东西，长大以后，他（她）依然会继续采用这种方式。要想让孩子明白这种行为是没用的，唯一的方法就是在孩子哭闹的时候不理他（她）。如果你并不因为在公共场合而感到不好意思，就可以不必理会孩子的纠缠而继续购物，当然还是要尽快买完东西，然后离开。在离开商店的时候，一定注意不要带孩子从刚才他（她）想要的玩具前面经过。最糟糕的处理方法，是答应孩子买其他的东西来代替玩具，因为这样会让孩子觉得，无论怎样，哭闹一下还是有效果的。

状况三　难得和丈夫计划一次浪漫的烛光晚餐，请亲戚来帮忙照顾孩子，可孩子却闹着要一起去。这时候你会怎么做呢?

A 取消晚餐，改叫外卖在家里吃。

B 等到孩子睡着以后再出去。

C 抱抱孩子，告诉他（她）爸爸妈妈很快就会回来。

正确答案是C。每个人都不希望因为孩子而让自己什么事也做不了。除了孩子，也应该为自己花些心思，尤其是与丈夫保持亲密的关系。这些对于妈妈来说，都是非常重要的。夫妻之间保持良好的关系，不仅对夫妻双方有好处，对孩子也有着重要的意义。伯巴博士指出，"不要认为，必须为孩子牺牲掉自己的全部""如果无法照顾好自己，也是无法照顾好孩子的"。所以，可以告诉孩子你的计划，并且跟他（她）约好回来的时间，让孩子明白你是一个守约的人，然后就可以离开了。

状况四　约好和婆家人一起吃饭，本来计划去吃烤排骨，可孩子却非要吃比萨。这时候你会怎么做呢?

A 将吃饭地点改为孩子喜欢的比萨店。

B 给孩子单独去买他(她)喜欢的食物。

C 按照原来的计划进行。

正确答案是C。在吃饭这个问题上，当然不能完全遵从孩子的意愿，他(她)想吃什么就吃什么。如果过分担心孩子吃不吃，吃得好不好，吃饭就会变成与孩子的一场战争。当然，孩子有权利选择吃或者不吃。实际上，孩子一顿饭不吃或吃不好，并不是什么值得大惊小怪的事情。尤其是家庭聚会时，让孩子作为家庭一员参与进来是最重要的。如果因为孩子的偏食而改变大家的计划，是毫无道理的。所以，带着孩子好好享受一顿晚餐吧。

状况五　年龄相仿的兄弟俩都爱玩电脑游戏，他们经常为玩游戏打架。这时候你会怎么做呢?

A 让一个孩子玩游戏，给另一个孩子讲故事。

B 关掉电脑，告诉他们，如果不能好好相处，谁也不能玩游戏。然后继续回去做自己的事。

C 再买一台电脑，让孩子们不必再为争电脑打架。

正确答案是B。通过这样的机会，正好可以让孩子学会退让。伯巴博士指出，“分享，是所有伦理教育的根本，也是孩子最早接触到的道德教训”“必须要不断地教给孩子分享的基本原则”。当孩子因为争夺某件东西打架的时候，可以把这看做是一个教他们学会退让的机会。当然，可以让孩子自己解决问题，让他(她)从中学习到和睦相处的方式。

25

想要战胜妈妈的孩子

形势对自己不利时，孩子就闭嘴或转移话题

当发现形势对自己不利的时候，载原就闭上嘴巴，无论怎么问他都不回答，或者转移话题，要么就说什么也想不起来了。这时候，我应该怎么办呢？

孩子5岁以后，随着认知能力的发展，已经懂得将对话的主题转移到对自己有利的形势上了。也就是说，孩子可以预测到，如果继续就这个主题展开对话，将会发展成对自己不利的情况。

妈妈应该这样做

让孩子放心 有时候，妈妈说话的口气和表情，可能会让孩子以为妈妈是要骂自己，或者打自己。这时候，一定要改用温柔的语气向孩子询问，并且先与孩子约定，“妈妈不会说你的”。

询问孩子的时候要有耐心，不要发脾气 在询问孩子的时候，如果为了让孩子配合而把气氛弄得很紧张，孩子反而无法顺利地回答所有问题，最后导致父母失去耐心，大发脾气，甚至可能因此打骂孩子。

集中说一个问题 当妈妈教育孩子的时候，如果孩子表现出转移话题的态度，妈妈必须要立刻指出来。妈妈要继续现在这个话题，并要求孩子不能说别的事情。

向孩子说明情况 当孩子说想不起来的时候，妈妈要把情况明确地说一遍，帮助孩子想起整件事情。可以提醒孩子：妈妈在什么时候，什么地方，说过什么话，当时你已经点头答应了，等等。

与妈妈展开辩论

和同龄小朋友相比，秀斌属于那种能言善辩的孩子。当妈妈指出秀斌的错误时，秀斌会更大声地反过来质问妈妈。对此，妈妈有时是一笑而过，有时严肃地纠正孩子。可是，如果长此下去，孩子会不会轻视妈妈呢?

5岁的孩子，通常都不喜欢妈妈指责自己，或自己承认错误。所以，有时孩子就会提高声音，与妈妈争论。孩子这样的时候，如果妈妈更加大声，事情可能就会变得更加难以收拾。

妈妈应该这样做

让孩子降低音量 首先要求孩子降低音量，然后耐心等待孩子冷静下来。当孩子情绪平静下来以后，再指出他（她）的错误。

耐心听孩子说话 如果孩子一直在说明理由，妈妈根本无法插嘴，那么索性耐心听孩子说完，然后用冷静的语调说出自己的看法。

平时注意培养与孩子之间的信任关系 每个人，对于喜欢的人说的话都比较容易听得进去。5岁的孩子更是如此。平时要注意与孩子建立良好的信任关系：让孩子相信，妈妈是站在自己这一边的。

“有时孩子做了妨碍到别人的事情，我希望他能主动道歉，可不知道应该通过什么样的方式让他这样做，如果强迫他，情况反而会更糟。”

要想让5岁的孩子认识到自己的错误，其实是件很困难的事情。因为这个阶段的孩子，思考问题的时候总是以自我为中心，很难明白自己的行为会给别人带来麻烦。如果强迫孩子道歉，或者当孩子不肯道歉的时候呵斥他（她），反而会产生相反的效果。孩子会觉得，“妈妈为什么突然讨厌我？”然后情绪低落，甚至大发脾气。结果，孩子可能会做出更出格的行为。孩子会认为，“反正妈妈也不喜欢我了，我也不喜欢妈妈”。

26 想要孩子学会道歉，妈妈必须先做出示范

看到孩子这样，妈妈也会很生气，从而更加严厉地呵斥孩子，导致气氛紧张，孩子可能到最后也不知道自己到底犯了什么错误。如果妈妈一味呵斥、指责，只会让孩子更加搞不清楚状况。

如果想要教5岁的孩子学会主动道歉，父母要先为孩子做出示范，再让孩子照着做。当孩子照做并且做得很好时，父母一定要称赞他（她）的行为，并且强调，道歉这件事本身是值得表扬的。不过，如果孩子做得不好，或对道歉持拒绝态度的时候，不必过分强迫他（她）。以后再遇到类似状况的时候，继续采用这种方法，孩子逐渐就会学会怎样为自己的行为道歉了。当然，还要告诉孩子：道歉，是一种充满勇气的行为。

“我送孩子去学画画，可能因为学的东西太多了，孩子不太喜欢去。如果总是照着孩子的意思，不断更换地方，以后上学的时候该怎么办呢？”新学期开始的时候，很多妈妈都会因为孩子不肯去幼儿园而烦恼不已。

孩子不喜欢去幼儿园的原因有很多种：可能是因为不想离开妈妈，早上想睡个懒觉，想留在家里看电视，与幼儿园的小朋友相处得不好，不喜欢幼儿园的老师，等等。只有了解孩子不想去幼儿园的真正原因，才能找到改善这种状况的方法。不过，如果孩子在每天去幼儿园的时候都反应激烈，表现出极度反感，可以考虑换一所幼儿园。如果是因为学习压力太大，孩子无法适应幼儿园的学习生活，就要停止学习，或是换一个轻松些的课外班。因为如果孩子从现在就对学习产生抗拒心理，以后的正式学习可能会引出更大的问题。换幼儿园并不意味着以后也要换学校，因为幼儿园与学校是完全不同的两个地方。

Tips 如何让孩子爱去幼儿园

自己送孩子去幼儿园 可能是因为胆小的关系，民希特别害怕去幼儿园。所以虽然有校车，但妈妈徐熙淑还是坚持自己送孩子去幼儿园，帮助孩子逐渐克服掉对幼儿园的恐惧。

告诉孩子，老师是很好的人 英斌似乎对幼儿园老师的印象不太好，总是不肯去幼儿园。于是，妈妈黄京希开始坚持每天说老师的好话。慢慢地，英斌对老师不再排斥，也喜欢去幼儿园了。

一个月没有去幼儿园 智贤非常不喜欢去幼儿园，于是妈妈鲁花美让他在家里休息了一个月。但是，在家里，妈妈不让智贤看电视，也不能玩电脑。朋友们都去了幼儿园，没有人陪智贤一起玩，他每天都过得很无聊……最后，智贤提出要去幼儿园。

孩子不喜欢去幼儿园，怎么办

27

28 在幼儿园拿走其他孩子的东西

4～5岁的孩子，还无法准确分清自己的东西和别人的东西，经常出现把喜欢的东西拿回家的情况。有时这是交朋友的手段，有时这是为了引起别人的注意，有时这只是因为对别人的东西感兴趣……拿走别人东西的现象，一般是从幼儿园时期，也就是5～6岁的时候开始，一直到小学低年级，都比较常见。但到了高年级，这种情况就会逐渐消失了。

即便这样，也必须要告诉孩子，拿走别人的东西是一种错误的行为。如果对孩子的这种行为不加制止，任其发展，一旦孩子养成习惯，有可能会成为真正的偷窃。所以必须要明确阻止孩子这样做。如果5岁的孩子连续出现这样的行为，有必要带孩子去咨询专业人士，让他（她）接受专业的帮助。

小心发展成真正的盗窃

对环境不满意　当孩子从与父母的关系或者周围的环境中无法获得足够的关心，或对环境产生不满的时候，往往会通过偷窃行为来满足自己的要求，希望通过把想要的东西拿到手来获得满足感。

要求不能得到满足时　一些存在注意力缺失/多动症的孩子，当想要什么东西的时候，就要立刻拿到。之所以出现这种情况，是父母总是毫无限制地满足孩子的一切要求的结果。

父母过分严格或吝啬　有些父母对于孩子想要得到的东西，总是无一例外地拒绝或者指责。孩子认为无法从父母那里获得需要的东西，从而改用偷窃的方式。而且，因为害怕父母，还会撒谎，不承认拿别人的东西。

当孩子拿了别人的东西后

了解孩子这样做的原因 如果一上来就指责孩子，很可能会把孩子推向另一边，反而让情况变得更糟。遇到这种情况以后，妈妈一定要保持冷静，最重要的是，先问清楚孩子为什么要这样做。

和孩子一起把东西还回去 带孩子一起，把东西物归原主，并且向对方道歉。必须让孩子明白，要对自己的行为承担责任。妈妈之所以要跟孩子一起去，是因为孩子一个人比较难于面对那种形势。而且，妈妈同去，会让孩子了解到：自己的不当行为，让妈妈也陷入了尴尬的境地。

更加关心孩子 不仅在物质上，更重要的是要在精神上给孩子更多的关怀和爱。这样做也是在告诉孩子，“虽然你做了错事，并不意味着你就是坏孩子，妈妈就不爱你了。”但是，必须要让孩子明白，“虽然你不是坏孩子，但你的这种行为却是不对的。”如果孩子是为了交到朋友，或为了吸引父母的注意才这样做，多半是因为平时缺少关爱。

不要在家里随意放钱或贵重物品 如果父母不善管理物品，尤其是经常把钱等贵重物品随手乱放，丢了也不知道，孩子偷拿一两次去买零食以后，发现不会因此受到惩罚，就有可能养成不良的习惯。

29 喜欢和小朋友一起玩，但总是打架

5岁的孩子，通常很喜欢和同龄的小朋友一起玩。有些孩子甚至把之前喜欢的电视和故事书都打入冷宫，整天跑到公园里找小朋友。妈妈会因此觉得很欣慰，“我的孩子已经长大了”。可是，当孩子挨了打跑回来，情况就会不一样了。头一两次或许妈妈还不太在意，但要是经常出现这种情况，妈妈就会坐不住了。直接跑去质问打人的孩子，或者告诉自己的孩子不要再跟他（她）玩，甚至教孩子“你也打他（她）呀”。那么，这样做对吗？妈妈应该怎样对待这种情况呢？

家长的对与错

× “你也打他（她）” 当孩子在外面挨了打回来以后，很多妈妈或奶奶都会说，“你也打他（她）呀，不能像个傻子似的等着别人打你”。这种反应是绝对错误的。如果父母作出这样的反应，孩子就会认为自己被打是很没出息的事情，并产生自卑的心理。这种自卑不仅会带给孩子挫折感，还会让孩子认为，暴力是解决问题的方法。

√ 训练孩子清楚地表达自己的想法 要尽量教会孩子，在任何情况下都能够清楚地表达出自己的意思。因此，平时就要进行“自我主张”训练，让孩子可以准确地表达出自己的感情和想法。要让孩子在有小朋友打人的时候，学会说“住手”“不许打人”“这样做是不对的”。

× 教训那个打人的孩子 大多数奶奶，在看到自己的孩子挨打后，都会不问青红皂白，跑去质问那个打人的孩

Tips 为什么我的孩子只喜欢跟男孩子一起玩

4～5岁的孩子，会与有着类似爱好的同龄孩子成为朋友。比如，两个或几个孩子都喜欢搭积木，都喜欢玩布娃娃，都喜欢踢球……5岁的孩子，大多喜欢和同性的小朋友一起玩。这并不是因为他们有了性别意识，而只是因为喜好相同而已。因此，无论孩子是和男孩玩，还是和女孩玩，都不必太介意。

子。这种反应其实也是不妥的。同样，这种错误也可能会出现在孩子的父母身上。5岁的孩子，说话还缺乏逻辑性，从孩子嘴里说出的，未必就是事情的实际情况。家长不应该因为孩子的一面之词，就跑去指责别人。

√ 思考自己的孩子是否也有问题 如果孩子总是被打，有必要思考一下，自己的孩子是不是存在什么问题。虽然首要责任在使用暴力打人的孩子身上，但是如果是自己的孩子先挑衅的话，那自己的孩子也是有一定责任的。平时可以多观察孩子，如果发现孩子存在这种问题，就要教会孩子怎样与其他小朋友友好相处。

× 不许孩子再和打人的孩子玩 是否继续和打自己的小朋友玩，应该由孩子自己决定。有时候，虽然孩子们打架了，但是两个孩子或许关系会更好，继续一起玩。这时候，如果父母禁止孩子们在一起，反而可能剥夺他们的乐趣。

√ 教孩子和其他小朋友联合起来 可以教孩子和其他小朋友联合起来，共同对抗爱打人的孩子。这样一来，孩子就会明白：与朋友团结起来，要比一个人解决问题更有效。

√ 邀请小朋友到家里玩 如果孩子在外面经常被打，不妨把打人的小朋友请到家里来玩，这样就可以观察一下，孩子是在什么情况下挨打的。这样做，可以从根本上防止再发生类似情况。当两个孩子之间出现争执的时候，父母可以马上介入，防止事态进一步发展。当然，必须要对爱打人的孩子提起足够的注意，如果觉得那是别人家的孩子，自己不方便教育，可以与孩子的父母取得联系，共同解决这个问题。如果需要的话，还可以请幼儿园老师帮忙。

30

5岁孩子对死亡的理解

京民养的小金鱼有一天死了，我就把它捞了出来。京民很惊奇，跑到身边问我，“妈妈，小金鱼怎么了？”“它死了。”“为什么死了？”“什么是死了？”“死了以后会怎么样？”“爸爸妈妈也会死吗？”“我也会死吗？”……京民的问题一个接着一个。在京民看来，死亡并不意味着悲伤和痛苦，而是一个有意思的话题。其实，对于京民这样的5岁孩子来说，死亡是陌生而有趣的。纽约圣约翰大学心理学副教授艾丽莎·布朗认为，“5岁的孩子，正在努力了解这个世界，生死只是他（她）想要知道的一个主题而已”。

Q　怎样跟孩子解释死亡的概念，才不至于让孩子感到害怕？

A　最好的方法就是只回答孩子的问题，而且要尽量用最简单的话来回答。例如，告诉孩子，心脏不再跳动，再也听不到别人说话了，就是死了。这个时期的孩子更容易接受直来直去的说法，最好不要用一些歪曲的描述，造成孩子的混乱，比如，“我们把爷爷弄丢了”之类的话。也不要在讲给孩子时把死亡比成睡觉，因为这样说，孩子可能会因为害怕而不敢入睡。专家指出，“幼儿会更担心父母的死，所以必须要让孩子明白，爸爸妈妈会在他（她）需要的任何时候出现”。

Q　家里养的狗年老多病，可能很快就要死了，需要提前向女儿进行解释吗？

A　为了防止在狗死的时候吓到孩子，必须要提前跟她解释。可以用轻松的口吻告诉孩子，狗狗生病了，再也好不了了。还要告诉她，妈妈也不知道狗狗为什么会死。宠物死去以后，还可以和孩子一起举行一个类似葬礼的仪式，哪怕这个宠物只是一条小金鱼。通过这样的仪式，可以让孩子了解告别的方法，也给孩子机会可以说出他（她）对于这个宠物的喜爱。

Q 该怎样跟孩子解释死后的世界呢?

A 进行简单说明就可以了。5岁的孩子，对于天堂在哪里，为什么天堂里的人不能回来看自己等问题，会表现得很执著。《和孩子谈论死亡》一书的作者玛丽亚·特罗奇建议，可以用这种方式向孩子解释，“奶奶的灵魂去了天堂”。

Q 电视新闻里经常出现与死亡有关的内容，可以让孩子观看战争、恐怖行动、自然灾害等场面吗?

A 尽可能不让孩子看到那些血腥恐怖的场面。当电视里出现汽车爆炸或者洪水泛滥等场面时，可以给孩子进行解释，使他（她）不至于产生错误的想法。尽量不要让孩子认为，自己身边也会发生这样的事故。大人的一些忧虑，没有必要告诉孩子。要告诉孩子：虽然这个世界上每天都在发生着不好的事情，但是有消防员和军队可以保护我们。艾丽莎·布朗教授认为，“最重要的，是要让孩子感觉到安全”。

Tips 成功妈妈的建议

让女儿跟曾祖母说“再见”。并且告诉她，想哭就哭出来。

金尹珠　善京的妈妈

孩子奶奶去世的时候，我给孩子读了《活着的一切》这本书。作家用动物、植物和人引出故事，讲述所有有生命的一切都要经历生死的过程。翻开此书的第一页，上面写着，“所有活着的一切都有开始和结束，而在这两者之间的，就是生活”。

金在景　雅拉的妈妈

让孩子给去世的姨妈写信，然后把信拴在气球上放飞。相信我的姐姐在天堂一定可以收到外甥女写给她的信。

李世尹　景表的妈妈

从行为障碍儿童成长为世界知名导演——斯皮尔伯格

孩子在5岁的时候，总会做很多荒唐的事情，问一些奇怪的问题，把妈妈弄得不知所措。或者在幼儿园里做出奇怪的举止，让老师感到头痛。

世界知名的电影导演史蒂文·斯皮尔伯格就曾经是这样一个孩子。因为是犹太人，在孩提时代，斯皮尔伯格一直受到其他孩子的排挤。可是，斯皮尔伯格却是个天生爱搞怪的孩子。上课的时候，他经常用各种荒唐的问题，把老师问得哑口无言。后来，老师找到斯皮尔伯格的妈妈，“斯皮尔伯格根本不适合学校的生活，你还是把他带回家，为他请家庭教师，或送他去特殊学校吧”。而斯皮尔伯格的妈妈是这样回答的，“老师，如果我孩子的行为没有影响到其他人，请不要打击他的热情。如果孩子问一些奇怪的问题，请告诉他，他可以回家问妈妈。请您打电话告诉我他的问题，我会去图书馆查资料，然后回答他。”一个伟大的儿子身后必定有一位伟大的妈妈。这个妈妈没有认为儿子是在胡思乱想，而是积极地鼓励孩子自由地思考。妈妈会一直站在孩子的立场去想问题。当斯皮尔伯格和妹妹发生争执的时候，妈妈会把两个人都叫过来，听听双方的说法，然后说，“现在我知道了，你们可以开始吵架了”。当得到妈妈的允许以后，两个孩子反而不好意思继续吵下去了。

斯皮尔伯格的妈妈了解自己孩子的气质，并接受它。正是因为有这样一位妈妈，斯皮尔伯格最终成了一名有创造性、优秀的电影导演。

译注：史蒂文·斯皮尔伯格（1946—　），美国著名导演、编剧和电影制作人。他曾触及多种主题和类型的电影，两度荣获奥斯卡最佳导演奖。其代表作有《侏罗纪公园》、《辛德勒名单》等。

Part

04

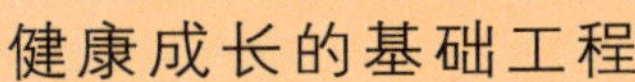

健康成长的基础工程

孩子必须养成的生活习惯

31

妈妈，那个小朋友家里很穷

一个细雨蒙蒙的下午，孩子从幼儿园回来的时候，全身都淋湿了。早上送孩子走的时候孩子穿的黄雨衣、黄雨靴都不见了，脚上穿的是在幼儿园教室里穿的室内鞋。

“发生什么事了？妈妈给你穿的雨衣和雨靴去哪儿了……”听到妈妈的问话，孩子“哇”的一声哭了出来，并且扑到妈妈的怀里。妈妈先给孩子擦干湿漉漉的头发，又换了干净的衣服，然后继续问，“你为什么会淋雨？”孩子却眨巴着眼睛，似懂非懂地什么也说不出来。难道是让大孩子把雨衣和雨靴抢走了？还是被幼儿园里的其他小朋友穿走了？

一想到孩子连自己的东西都看不住，妈妈忍不住提高了声音，孩子的哭声却越来越低，慢慢变成了抽泣。“向秀他……妈妈没有了，听说他们家里很穷……”听到孩子说出这样的话，刚才还在呵斥孩子的妈妈，脸一下子红了起来。下雨的日子，把雨衣和雨靴送给没有人送雨具的小朋友，自己淋雨没有关系，却不知道该怎么跟妈妈解释雨衣和雨靴没有了。此时的孩子已经懂得：除了语言，还可以通过行动来帮助和关心别人。

32

教孩子怎样整理东西

每个妈妈都希望，5岁的孩子可以学会自己整理东西。可很多孩子还没有意识到整理的必要性，也不具备有效整理物品的能力。从现在开始，妈妈应该帮助孩子逐步养成自己整理东西的习惯。从小就不会整理东西的孩子，即使上了中学还是一样。因此，最好能够让孩子从小就养成整理的习惯。这种习惯会对孩子未来的生活有很大的影响，妈妈一定要重视起来。

怎样帮助孩子养成整理的习惯

妈妈做出示范 与性格发育相同，这方面也需要父母首先做出示范。父母勤于整理，让家里的环境干净整洁，并且引导孩子参与到整理的过程中来。

先从简单的整理开始 当孩子把房间弄得乱七八糟时，不要要求孩子全部整理好，可以由妈妈先整理好大部分，然后留一小部分交给孩子，让孩子感受一下全部整理好后的感觉。持续2～3次以后，逐渐增加孩子的工作量。

用过的东西要放回原处 告诉孩子，东西用完以后，必须要放回原处。如果孩子能够照妈妈说的做，一定要好好称赞他（她）。下一次，他（她）就会主动这样去做了。

把不需要的东西扔掉 如果需要整理的东西太多，孩子会感到很苦恼：应该从哪里开始呢？所以必须要果断地把不需要的东西扔掉。

在孩子的房间放置分类收纳袋 要想培养孩子养成整理的习惯，首先必须为他（她）创造能够独自整理物品的环境。例如，准备好适合孩子身高的柜子，可以把同类物品放在一起的收纳袋等，并且在上面贴上相应的标示。这样一来，不仅让孩子学会了整理，同时也掌握了分类的概念。

为孩子创造条件

明确放东西的位置 当孩子写字、画画的时候，家里到处都扔满了纸。此外，还有从幼儿园拿回来的家庭联系册、画报、蜡笔等。除了孩子自己的房间，连餐桌上、客厅里都撒满了他的东西。于是，我在他的书桌前面贴了一张纸，上面用很大的字写着东西应该放到哪里。例如，蜡笔要放在抽屉里、玩具放在书桌下的盒子里等。

金美英　恩哲的妈妈

准备几个大盒子 我家有两个男孩子，杂乱些似乎也很正常，但我认为，更重要的是要让孩子养成整理的习惯。后来，我用一些大盒子帮助孩子养成这个习惯。我准备了三四个大盒子，教孩子把玩具放在一个盒子里，把学习用品放在另一个盒子里。因为盒子很大，只要把东西全部放进去就可以了，非常简单。这样一来，孩子再也不觉得整理东西是一件麻烦的事了。

郑恩淑　东华的妈妈

把大屋用做孩子的房间

在家里的所有物品中，最多的恐怕就是孩子的东西了。通常孩子的房间都比较小，即使把所有的收纳箱和抽屉都利用起来，可能还是无法容纳孩子所有的东西。最后，不得不把东西散乱地放在阳台、客厅以及里屋，把整个家都弄得乱七八糟。遇到这种情况，不如把大屋用做孩子的房间。因为大屋空间大，便于整理和收纳，采光也很好，对孩子的学习和情感发育都有好处。如果收纳起来很方便，也有利于培养孩子整理的习惯。

33 现在可以让孩子一个人睡了吗

“今天我能和妈妈一起睡吗？”每到睡觉时间，母子之间总要展开这样一场对话。孩子长大了，不能一直依偎在妈妈的怀里睡了，可是，想把孩子推开又不是那么容易……一定要让孩子单独睡吗？什么时候开始让他（她）一个人睡最合适呢？

一定要让孩子自己睡吗

对这个问题的回答，当然是肯定的。让孩子单独睡的最大目的是培养他（她）的独立性。在西方，父母会更早让孩子与父母分开睡，因而孩子的独立性更强。独自睡，可以让孩子意识到自我的重要性，对社会性发展也有一定帮助。

孩子单独睡对父母也是有好处的。尤其是双职工的父母，如果不能保证良好的睡眠，势必会影响到白天的工作。随着孩子越来越大，他（她）可能会听到父母的一些悄悄话，甚至撞见一些不该他（她）看到的场面。一旦真的发生这样的事，一定会弄得父母惊慌失措。

什么时候开始让孩子单独睡

儿科或精神科专家建议，6个月之前或5岁的时候，是适合让孩子一个人睡的时期。很多父母在孩子2~3岁的时候想让他（她）独自睡。但是，这个时期的孩子，想象力丰富，恐惧心理也比较强，因而特别害怕一个人独处。所以，还没有分离不安的哺乳期以及越来越胆大的5岁，是适合训练孩子一个人睡的最佳时期。

因为不同的孩子存在很大的个体差异，即使到了5岁，也不要无条件地强迫孩子这样做。有很多孩子，特别是女孩，即使把她的房间装饰得很漂亮，睡前妈妈还会给她讲故事。起初孩子觉得很高兴，可到后来还是会感到害怕，紧抓着妈妈的手不放。有些男孩子，起初不习惯，但能够很快适应这种新状况。所以，必须要认真观察孩子的状态，然后采取适当的方法。

怎样帮助孩子习惯一个人睡

通过练习，让孩子慢慢熟悉独睡的环境 这时候，父母一定不能着急，要保持耐心，可以先通过练习，让孩子慢慢熟悉独睡的环境。如果突然留下孩子一个人，肯定会让孩子感到极大的不安和恐惧。

提前一周开始跟孩子说这件事 首先和孩子一起确定一个开始独自睡的时间。提前一周，每天都和孩子讲这件事。开始的时候，孩子可能会表现出抗拒的情绪，但是逐渐就会接受。不过，如果在这段时间，孩子只要一听到这个话题就表现出极度的不安情绪，最好推迟一段时间再进行。

妈妈陪在旁边，直到孩子睡着 经过一周的时间，当孩子已经有了一定心理准备后，就可以让他（她）一个人睡了。不过，在孩子睡觉的时候，妈妈最好一直陪在旁边，直到孩子睡着再离开。这时候，可以把孩子喜欢的娃娃放在他（她）的枕头旁，或者给他（她）读一会儿书。这些都有助于减少孩子的不安。

开着房门 最好把孩子的房门略微打开，让他（她）知道妈妈就在外面，可以偶尔说几句话，并且让孩子听到。因为已经习惯了和妈妈在一起的孩子，如果突然妈妈不在身边了，会感到不安和害怕。

当孩子感到害怕的时候，要温柔地安慰他（她） 当孩子害怕一个人睡的时候，不要指责甚至打骂他（她）。这时候，最重要的是给孩子关心和安慰。当孩子因为害怕而吵闹的时候，很多妈妈可能会说，“别的小朋友都是一个人睡，你却还不敢，不觉得害羞吗？”妈妈的这种态度，不仅不会消除孩子的不安，反而会引发孩子的羞耻心、自卑感等各种负面情绪。

按照孩子的喜好装饰他（她）的房间 可以将孩子房间里的壁纸换成他（她）喜欢的图案，灯光也可以按照孩子的意思调得亮一些或暗一些，还可以把物品放到低一些的地方，让孩子可以伸手拿到。

这样做，只能屡战屡败

给孩子讲吓人的故事 孩子喜欢听吓人的故事，但是他（她）还无法区分清楚现实与想象，所以在睡觉的时候，一些鬼怪故事会让孩子感到非常恐惧，甚至有些孩子还会因此做噩梦。如果决定要让孩子一个人睡，至少从6个月之前，就不要再给孩子讲可怕的故事，或者给孩子看一些有吓人画面的书。

先心软，再妥协 刚开始一个人睡的时候，孩子有时会跑到父母的房间，或者站在门口。有些妈妈就会心软，然后把孩子抱过来和自己一起睡。如果反复出现这种情况，想让孩子一个人睡就会更加困难。所以，一旦决定了要让孩子独自睡，最好保持前后一致的态度。就算孩子哀求哭闹，也要让他（她）留在自己的房间。开始的时候，可能要陪孩子一直待到早上，但一定要坚持让孩子自己睡的态度。只有这样，才能取得成功。

父母在外面看电视 如果打发孩子进屋睡觉，父母却在客厅看电视，或者大开着家里的灯，孩子恐怕很难入睡。如果想让孩子养成按时睡觉的习惯，就需要全家人的配合。在培养孩子一个人睡的时候，最好家里的其他人也都和孩子在同一时间睡觉。这样才可以让他（她）安下心来，踏实入睡。

Tips 反向而行的赵硕希博士

赵硕希博士是韩国教育开发院英才教育研究总监，她每周都会有一天和孩子一起睡。在一个大房间里，和孩子盖一床被子，聊聊幼儿园里发生的有趣的事，也讲讲工作中遇到的一些问题。聊着聊着，就不知不觉地睡着了。一周的时间，无论是孩子，还是父母，都积攒了很多的话。当躺在床上，身心完全放松下来，正好可以做很好的交流。这样的交流会让孩子深切地感受到，“我们是一家人”，对于增进家人之间的感情非常有益。

34 早睡的孩子聪明又健康

金恩贞家的老大今年上幼儿园，可是这段时间，因为孩子总是不肯按时睡觉，让她感到非常头疼：每天晚上过了12点睡觉成了家常便饭。有时为了哄孩子睡，爸爸妈妈都盖上被子，假装睡着，可孩子还在房间里拿着小汽车到处跑，有时就算孩子躺到床上，一会儿要喝水，一会儿又要尿尿，反复折腾好几次，自然也就不可能早睡了。因为晚上睡得晚，早上起得也晚，常常是早上9点钟才睁开眼睛，起床还要磨蹭好半天，每天上午金恩贞都会因为起床跟孩子纠缠好久。

如果想帮助孩子养成早睡早起的习惯，最重要的是调整全家人的作息时间。早点吃晚饭，到9点左右，父母就开始做睡觉前的准备。还有一个方法可以让孩子早点睡觉，那就是白天让孩子尽情玩。身体的疲劳，也有助于晚上早睡觉。不过，晚上不要让孩子看电视或玩到很晚，也不要让孩子太兴奋。这些都不利于睡眠。上床以后，妈妈可以躺在旁边，低声给孩子读故事，或者轻轻地为他（她）按摩身体。

不想睡觉，还想和妈妈玩

韩国儿童咨询中心的金城语副所长认为，“孩子晚睡是双职工家庭的一个常见现象，对于孩子通过睡眠发出的信息，父母必须引起足够的重视”。有些孩子，有时过了午夜，甚至熬到2～3点钟，不停地打哈欠，还是不肯睡。他们宁可牺牲睡觉，也希望能和父母多玩一会儿。金副所长提出，父母每天都忙于工作，陪伴孩子的时间严重不足，导致孩子无法按时入睡。这是一个非常危险的循环过程。如果强行让孩子放弃这种要求，孩子的不满情绪就会换一种形式表现在其他方面。所以，不要强迫孩子睡觉，可以先满足孩子的要求，尽量陪他（她）玩耍，然后再逐步帮助孩子养成正确的就寝习惯。

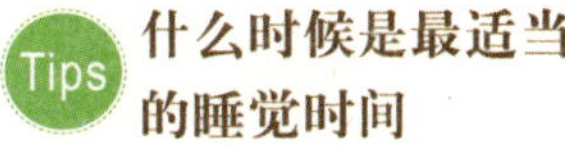

什么时候是最适当的睡觉时间

生长激素在夜间10点～次日2点之间分泌最旺盛。所以，孩子最好在10点之前上床睡觉。10岁之前，孩子的睡眠时间应保持在每天10个小时左右。只有保证这样的睡眠，才能保证孩子健康地生长发育。

帮助孩子养成正确的就寝习惯

如果想让孩子顺利地接受“现在该睡觉了”的信息，就要养成一个“就寝仪式”。下面就是帮助孩子养成正确就寝习惯的五个要领。

给孩子洗澡 用温水给孩子洗澡，帮助孩子身心放松，并且能够促进血液循环，有助于良好的睡眠。洗澡后可以给孩子喝一些温水，补充水分。

形成就寝仪式 形成一种就寝仪式，例如每天上床之前，全家人互道晚安，或讲睡前故事等。

朦胧的灯光 很多孩子害怕黑暗。准备一盏可以调节亮度的灯，孩子睡着以后，在房间里依旧保留一些朦胧的灯光。也可以准备一些星星、月亮等造型的灯，为孩子营造一个舒适的氛围。

给孩子穿上睡衣 如果穿着平时的衣服睡觉，孩子会无法清楚地区分睡觉时间和白天的生活。所以，在睡觉的时候，最好能给孩子换上他（她）喜欢的睡衣。

给孩子准备一个睡觉伙伴 可以拿一个娃娃或靠垫放在孩子身旁，陪他（她）入睡。这样会让孩子感觉有人陪在自己身边，心情会更加放松。

开始学习使用筷子

“到现在，连剪子都不会用，让他沿着线剪，他也总是剪得歪歪扭扭的。筷子就更不用提了，可别的孩子都能用得很好……我的孩子是不是发育太慢了？”

5岁的孩子，由于小肌肉的充分发育，已经可以自己系鞋带，剪出一条直线了。不过，这个时期的孩子用筷子还比较困难。但是可以从现在开始教孩子使用筷子了。

手指是大脑的派遣器官 大脑中，用于管理手部活动的部位几乎占据30%。可见，手和大脑的关系是非常密切的。韩国首尔大学医学院的徐友翰博士指出，“经常使用右手，可以刺激左脑，经常使用左手，可以刺激右脑。手的活动既要依靠大肌肉，又要依靠小肌肉。小肌肉活动得多，可以刺激大脑中细密的神经系统。因此，多练习折纸、剪直线、用筷子等，对手部和大脑发育都有好处。”特别是用筷子，既

Tips 还有这样的筷子

“爱迪生筷子”可以把拇指、食指、中指都插进一个圆圈里，这样可以更方便地用筷子夹取东西。“学习筷”也有一个可以夹住手指的圆圈，可以帮助孩子熟悉握筷子的姿势。“筷子博士”则可以通过圆圈活动筷子，在熟练掌握了前两种筷子以后，再用这个，效果会更好。这些特殊的筷子可以在网上购买到。

可以培养正确的饮食习惯，又有助于大脑发育，是一种很好的小肌肉运动。如果想顺利地使用筷子，必须同时活动30个关节和50块肌肉。用筷子，可以很好地培养孩子按照自己的需要操作筷子的肌肉调节能力，用眼睛观察小物体，同时用手准确提取物体的协调能力以及注意力等。

用好筷子的技巧

用橡皮筋把手和筷子绑在一起　用橡皮筋把两根筷子分别固定在第二个手指前端、第三个手指的指甲和第四个手指的指甲旁边，做出握筷子的手势。在这样的状态下使用筷子，可以更容易矫正姿势。

先从大的东西开始夹　孩子的手部活动还不灵活，开始的时候不要太着急。如果一开始就让孩子夹小东西，失败后会打击孩子的信心。最好先让孩子从一些较大、容易夹的东西开始练习。

逐渐转向小的东西　当孩子可以熟练地用筷子夹起大东西以后，就可以让他（她）逐渐转向小的东西了。例如让孩子练习夹豆子、花生等。

坚持反复练习　教孩子用筷子可能要比想象中困难一些。妈妈必须一边矫正孩子的动作，一边帮助孩子练习。为了促进小肌肉发育，坚持不懈地反复练习是必不可少的。

和其他小朋友一起练习　让孩子与其他同龄小朋友一起练习用筷子，也会取得不错的效果。也可以让孩子和朋友们一起练习用剪刀。

经常让孩子用剪子　可以经常让孩子用剪刀练习剪纸。用剪子，有助于提高手部的操作能力，对用筷子也有一定帮助。

互相喂饭　吃饭的时候，妈妈和孩子可以互相喂饭。这样可以刺激孩子努力学习用筷子，还能消除压力，让孩子在一种轻松愉快的氛围中达到练习的目的。

36 纠正孩子错误的用餐习惯

一边玩一边吃、睡觉之前吃东西……这都是不好的习惯。那么，应该怎样帮助孩子养成良好的用餐习惯呢？

韩国儿科专家高西焕博士建议

把孩子叫回到餐桌前

要说服，不要强迫 这个时期的孩子，已经有了自我意识，无论什么事情，都想要按照自己的想法去做。因此，妈妈要变换一下口气，不要对孩子说，“快来吃饭”，而要说，“能自己吃饭吗？都已经长大了！”

让孩子认识到吃饭的重要性 不必准确地跟孩子解释食物的消化作用和吸收作用，只要采取孩子能够接受的说法就可以了。比如，“要好好吃饭，才有力气和小朋友一起玩，才能做游戏；要是肚子饿了，没有力气，就什么也做不了了”。

让吃饭时间变得像游戏一样有趣 如果是一个人吃饭，或在一种沉重的气氛下用餐，可能连大人也会失去吃饭的兴趣。如果能够全家人坐在一起，一边聊天一边吃饭，孩子自然就会在愉快的氛围中多吃一些。

和孩子一起遵守用餐的规范和礼仪 对于5岁的孩子，必须要让他（她）知道，应该在固定的场所、固定的时间吃饭。因此，与其不断对孩子强调吃饭很重要，不如和孩子一起确定好规则，并且引导孩子去遵守。孩子们应该懂得的用餐礼仪详见表4.1。

Tips 怎样挑选孩子使用的餐具

材质不能过于光滑 由于孩子的手部活动还不灵活，因而可以为孩子选择拿在手里不太光滑的材质。

不要太沉 重量适中，可以方便孩子拿取。如果餐具太沉，孩子可能拿一会儿就会觉得很累。

不要有尖锐的棱角 如果有棱角，可能会划伤孩子嘴巴，所以一定要特别注意。

确保材质的安全性 孩子使用的餐具必须选择对身体无害的安全环保材质。

可以选择孩子喜欢的颜色和形状 可以选择孩子喜欢的颜色，或上面绘有小动物图案的餐具。

韩国小儿精神科专家孙硕汉医生建议

改掉一边玩一边吃的习惯

绝对不要追着喂饭　有些孩子不好好吃饭，妈妈就追着喂。一旦养成这样的习惯，将很难纠正。所以，即使让孩子饿着，也绝对不要追着孩子喂饭。

吃饭的时候要专心　开始吃饭之前，要先清理好旁边的玩具，关掉电视或DVD。如果孩子还在跑，要要求他（她）马上坐下来。不必对孩子过多解释，只要告诉他（她）“吃饭的时候不能到处跑”就行了。

如果孩子吃到一半想离开，必须要制止　必须要拉住孩子的胳膊，让他（她）坐回到椅子上。然后再重申一遍，“像妈妈（爸爸）这样坐好，吃饭。”

过了吃饭时间，就要收拾桌子　吃饭时间一般是30～40分钟，要让孩子明白：吃饭时间结束了，就要收拾桌子。如果孩子剩饭，不要惩罚他（她），也不要因为担心饿着孩子而给他（她）其他的食物。下顿饭的时候，如果孩子喊饿，可以适当给他（她）增加一些饭量。

让孩子觉得，吃饭是件令人愉快的事　孩子很喜欢做饭，在煮面条、拌沙拉的时候，可以让孩子参与进来。这让他（她）觉得，吃饭是一件令人愉快的事情。

给孩子准备一把高度合适的椅子　吃饭的时候，让孩子坐在一把高度适中的椅子上。如果餐桌过高，孩子吃起来很不舒服，他（她）就会拒绝在餐桌上吃饭。所以一定要为孩子准备一把合适的椅子。

成功妈妈的建议

餐桌上的胜利

饿着孩子　孩子饿一两顿，是不会有多大问题的。如果孩子不想吃，不必强迫他（她），可以让他（她）先离开。过一会儿等他（她）觉得饿了，就会跑过来要东西吃了。这时候一定要跟孩子强调，应该在吃饭时间把饭吃完。一定不要因为孩子哀求就给他（她）吃。零食也是一样，必须要坚决拒绝。如果孩子纠缠吵闹，就可以让他（她）饿着。这样反复几次以后，孩子就会按时好好吃饭了。

洪真景　正勋的妈妈

准备漂亮的餐具　5岁以后，孩子开始有了喜欢的对象。我会给孩子准备绘制有他喜欢的人物的勺子和碗、碟。这样，孩子会因此而更喜欢吃饭。不过，孩子喜欢的人物总是在变化，所以家里的餐具越买越多。但使用这个方法的效果还是不错的。

边恩美　胜贤的妈妈

把食物做得方便吞咽　由宾吃饭的时候，总是不好好嚼就直接咽下去了。所以，我会给孩子做一些方便吞咽的食物。做菜的时候，把菜尽量切碎，饭也煮得软一些，或者用汤泡了给孩子吃。不过，为了让孩子体会咀嚼的乐趣，我会经常给由宾吃生黄瓜，让孩子觉得嚼东西很有趣。这样过了两三个月以后，由宾慢慢开始习惯咀嚼了。

闵晓希　由宾的妈妈

吃饭的时候关掉电视　右真一定要看电视或光盘才肯好好吃饭。我和丈夫平时就是这样，可能由此让右真也养成了这样的习惯。后来，我和丈夫约好吃饭的时候不再看电视，并且调整了吃饭时间，以便吃饭时间不与孩子喜欢的电视节目造成冲突。如果有孩子特别想看的节目，就先让孩子看完电视再吃饭。

金慧真　右真的妈妈

减少零食　京勋从儿童之家一回来，就会嚷嚷肚子饿。开始的时候，我会给孩子吃比萨或者面包等食物。后来发现，这样一来，孩子就不好好吃晚饭了。所以，我后来只给京勋一杯牛奶或一杯土豆泥。起初，孩子还会嚷嚷不够吃，不过现在也慢慢习惯了。这样完全不会影响到孩子正常吃晚饭。

邱美英　京勋的妈妈

表4.1　1～6岁孩子必须懂得的用餐礼仪

年龄	用餐前	用餐中	用餐后
1～2岁	洗手，坐在餐桌前，说“我要吃饭了”	可以区分自己的和别人的东西，练习使用勺子，菜量增加	一直在餐桌前把饭吃完，饭后会擦干净手和嘴，说“我吃饱了”
2~3岁	一个人洗手，在餐桌前坐好，等待，说“我要吃饭了”	练习使用筷子，尽量不晃动。慢慢咀嚼。吃饭的时候不要离开座位，不偏食	可以自己喝汤。会说“我吃饱了”。饭后会自己漱口
3~4岁	一个人洗手，在餐桌前坐好，等待，不用手触摸饭菜，说“我要吃饭了”	可以很好地使用勺子和筷子。会慢慢咀嚼。不要妨碍到其他人用餐	会自己喝汤。饭后会把餐具放进水槽。会擦桌子
5～6岁	已经养成了洗手的习惯，并且说“我要吃饭了”	吃饭的时候不要吵闹。不要一边吃一边玩	会把掉落的东西弄干净，会拿走用过的餐具，并且吃饭的时候不会发出声音

37

注意预防儿童交通事故

2003年，韩国三星交通文化安全研究所对经济合作与发展组织的28个成员国的儿童（14岁以下）进行了调查，结果显示，10万名因交通事故死亡的儿童中，韩国有4.1人，占据首位。韩国之后是美国3.5人、加拿大2.8人、澳大利亚2.7人，瑞典、英国和日本最低，均是1.3人。研究所又对713名小学生的父母进行调查，结果显示，有87.1%的父母都非常担心子女发生交通事故。5岁的孩子，还不能很好地控制自己的情绪，如果在过马路的时候正好看到朋友，孩子很可能会不顾危险，突然猛跑。这时候，父母对子女的交通安全教育就显得尤其重要了，因为最有效的方法就是“防患于未然”。平时过马路的时候，一定要牵好孩子的手，并随时告诫孩子应该遵守交通规则。

妈妈要做的五项安全教育

第一，过人行横道之前先停下来观望　横穿马路的时候，一定要让孩子先停下来观望。在过马路时发生的交通事故中，有90%都是因为突然猛跑造成的。所以必须要让孩子先停下来，确认没有车再通过。

第二，抬起手　在横穿马路的时候，告诉孩子要抬起手，但必须先停下脚步，待确认安全后才可通过。而且，举手示意，也是在提醒司机，“请让我过去”“我要过去，请停车”。但要告诉孩子，并不是他（她）一举手，所有的车

Tips 儿童易发生事故的九种情况

1 信号灯一变成绿色，立刻冲出去。

2 在没有信号灯的马路上猛跑通过。

3 穿越没有斑马线的马路。

4 突然跑进机动车道。

5 从公共汽车的前面或后面穿过。

6 在停车场的车辆中间猛跑。

7 不使用儿童保护装置。

8 从停着的车后穿过。

9 在机动车道上玩轮滑或骑自行车。

都会停下来，还是必须要观察好情况再行动。

第三，先确认汽车是否已经停下 要告诉孩子，横穿马路的时候，即使已经举手，或信号灯变成了绿色，也必须要确认汽车是否已经全部停下了。当确定车已经完全停下来才能通过。

第四，过马路的时候，要一边观望一边慢慢通过 横穿马路的时候，必须要让孩子养成一边看车，一边通过的习惯，因为可能会出现司机踩错刹车，信号灯出现故障，或司机没有发现行人的情况。

第五，绘制交通安全地图 通过地图，可以告诉孩子从家到学校最安全的路径，尽量选择不需要横穿马路的线路，如果必须要横穿，也一定选择有信号灯的。对于一些危险性较高的地点，要特别标注出来，并且详细告知孩子危险的理由。

小时候喜欢韩服娃娃的成功男歌手——任亨柱

如果男孩性格像女孩，或女孩性格像男孩，大多数的父母都会说，“一个男孩子怎么这样，要勇敢才对！”或者“一点女孩的样子都没有，怎么那么粗鲁？”

韩国流行歌手任亨柱的妈妈金敏好却不这样认为。任亨柱从小就是一个文静敏感的孩子，喜欢玩穿着漂亮韩服的娃娃。很多人都说他像个女孩子。金敏好是金融界的女强人，看到儿子这样，也非常苦恼。但是，经过仔细观察后，金敏好发现了儿子身上蕴藏的艺术气质。于是，她决定“我的孩子只是性取向与其他孩子不同而已，不如索性顺应着这点去培养他。”金敏好在自家的阳台上准备了一小块菜地，交给亨柱打理。而且，只要一有时间，她就带儿子去山里旅行。金敏好没给任亨柱报补习班，而是经常带他去看各种展览和音乐会。在10多年的时间里，无论工作多忙，金敏好都会提前回到家里，等待孩子放学回来，为他开门，甚至有时帮儿子准备好晚饭后，还要再返回公司。因为她明白，妈妈不在身边，有可能会造成孩子出现“情感缺陷”。

金敏好的观点是，既然无法改变孩子天生的性格，那么最好的做法就是接受它。实际上，她也是这样做的。她认为，“孩子喜欢玩游戏，就给他买各种游戏，让他可以玩一天；如果孩子喜欢拍照，就给他买来相机，让他可以拍出精彩的照片。因为没有人知道，孩子会在哪个领域表现出过人的天分和才华。”

Part

05

培养孩子认知能力的方法总结

必须帮助孩子提高 认知能力

38 孩子发出的第一封情书

“噔噔噔噔——”耳边传来上楼梯的声音，妈妈正疑惑不知道出了什么事，孩子已经从一楼跑了上来，大声喊着“妈妈”。同时，一张挂着汗珠的笑脸出现在门口。

“妈妈，礼物！”孩子的手里握着一个红色的信封。妈妈打开一看，是一封信。上面用红色铅笔写着稚嫩的字：“妈妈，我爱你！”这是妈妈从孩子那里收到的第一封“情书”。世界上还有比这更能打动人的表白吗？或许这样说会让丈夫感到伤心，但这确实比来自丈夫的告白更让人感动。妈妈的眼泪止不住地掉下来。这或许就是养育子女所带来的幸福吧？这种感觉只有妈妈才能体会得到……

孩子睡着以后，妈妈开始给他（她）写回信：“妈妈也很爱你，而且妈妈对你的爱比天还要高，比地还要宽。”虽然孩子还不识字，但要相信，他（她）一定能够用心感受到妈妈的爱的。

其实东方人并不善于表达自己的感情。在孩子很小的时候，父母可能会经常抱他（她）、亲他（她），但当孩子10岁以后，这样的表达方式就会越来越少。有时候，有些感情无法用语言表达出来，便可以采用信件的方式。这不仅可以加深孩子与父母的感情，还能够让孩子感受到这个世界的温暖与美好。

所以，从现在开始，给孩子写一封爱的信吧！只要一句“我爱你”就足够了。虽然现在可能是单方面寄出，但或许在明年的这个时候，你就会收到甜蜜的回信。尽管已经进入数字时代，但无论是通过现实还是虚拟的方式，爱都将无限延续下去。

39

培养一个能说会道的孩子

通常来说，能说会道的孩子，智能发育都比较迅速，而且具有很强的表现力，充满自信，有领袖气质。

有些孩子，常常是一整天不停地在说话。但是并不能说他（她）是“能说会道的孩子”。专家指出，“能说会道的孩子”，并不是指知道很多词汇，或语速特别快的孩子，那种能够听懂别人说话，并且能通过语言准确表达出自己的想法和感觉的孩子，才是真正能说会道的孩子。跟孩子说一些他（她）感兴趣的话题，或真心称赞孩子的语言表达能力，都可以培养并提高孩子的语言表现力以及逻辑思维能力。

让孩子能说会道的建议和游戏

培养表现力 尽量指导孩子用语言来表达自己的想法，而不是通过动作和表情。要想培养孩子的语言表达能力，妈妈就要不断地对孩子提出具体的问题。孩子从幼儿园回来以后，可以问他（她），“今天在幼儿园里学什么了？”“午饭吃了些什么？”为了让孩子能够做出更具体的回答，还可以把问题问得更详细，例如，“中午吃了什么菜？”“喝了什么汤？”“吃胡萝卜了吗？”如果孩子记不住食物的名称，可以慢慢地用简单的话跟孩子说明。

游戏：反复阅读 为孩子反复阅读同一本书，是培养他（她）语言表达能力的好方法。因为孩子可以从妈妈的反复阅读中掌握丰富的语言。在阅读的时候加入节奏和感情，可以增强孩子的记忆，并且让他（她）觉得这很有趣。

提高理解力 理解力，指的是掌握语言的脉络，并且把脉络在脑子中排列出来的能力。这首先须要接受听觉刺激，并能够准确地区别声音。把通过“听”获得的语言含义长时间记住，在需要的时候能够拿来使用的能力，也属于理解力的范围。如果想让孩子变得能说会道，平时妈妈说话的时候，就要尽量保持一种平和的口气，并且要经常检查夫妻之间的对话方式是否存在问题。最重要的，就是说话要说得清楚、明白，便于孩子理解。

游戏：悄悄话 这是一个适合全家人一起玩的游戏，妈妈在孩子耳边说一句话，然后孩子再把这句话传给爸爸，最后把开始说的话和最后听的话进行比较，孩子就会慢慢掌握如何准确地传达别人的意思了。这也可以训练孩子认真倾听别人说话。

提高词汇表达能力 如果孩子知道很多词汇，但是说不出来，说明他（她）的词汇能力表达不够。因为孩子听到的语言，与他（她）要直接表达的语言是不同的。只有多说，才能提高孩子的词汇表达能力。实际上，就算孩子的表达不够准确，也要微笑着鼓励他（她），并且告诉他（她）正确的说法。

游戏：写图画日记 如果想让孩子准确传递自己的想法，就要让他（她）把日常生活中的体验和活动通过具体的语言表达出来。把前一天发生的事情用图画的方式记录下来，再与妈妈一起讨论，就是一种很好的方法。妈妈可以说“昨天奶奶来了，我们都做什么了？”“我们一起吃西瓜了，好吃吗？”通过这种方法，把情景再现，也会对提高孩子词汇表达能力有所帮助。

游戏：猜词语 让孩子给妈妈解释写在卡片上的词语。在规定的时间里，可以利用身体、四肢等，通过各种方法表达出卡片上词语的含义。这个游戏可以培养孩子准确解释词语的能力以及对词语的反应能力。

说话练习

跟着新闻学说话 跟着电视新闻学说话，对孩子来说是一种很有趣的训练方式。妈妈准备一些简单的新闻稿，让孩子坐好，然后让孩子学着新闻主播的样子来读新闻稿。这时候，最好能用摄像机把孩子的表现拍下来，以后经常放给他（她）看。

和家人展开讨论 就某一个问题展开讨论，是帮助孩子熟悉语言的好方法。例如，准备去度假的时候，讨论一下每个人都需要带什么东西。每个人都可以站在自己的立场上，说一说为什么需要这个，如果没有这样东西会出现什么问题等。也可以选择几件东西，和孩子一起说说它们有什么特征。这种练习，可以提高孩子的思考能力。

一边做饭，一边说话 一边做饭一边说话，或者一边画画一边随意表达出自己的感觉，都是语言练习的好方法。如果准备烤面包，可以让孩子帮忙一起揉面团。妈妈可以简单地跟孩子解释制作过程，并且让孩子也参与进来。在动手做的同时，可以提高孩子的会话能力。

Tips 培养孩子会说话的五大习惯

1 大声读书。

2 说话的时候保持正确的姿势。

3 说话的时候遵守六大原则（人物、时间、地点、做什么、怎么做、为什么）。

4 就一个主题展开对话。

5 不打断别人说话。

成功妈妈的经验

对孩子提出问题的回答清楚明白　我从洪洙刚会说话开始，就一直很注意对他语言方面的培养。到现在，洪洙的表达能力已经明显高于其他同龄的小朋友了。这可能是因为我对洪洙提出的问题从来不敷衍了事，而且坚持回答得清楚、明白，现在，洪洙只要遇到不明白的问题，就一定要弄清楚。读书的时候，如果遇到不认识的词语，洪洙会和我一起查字典。这也让洪洙的词汇能力以及理解力得到了很好的发展。

金小英　洪洙的妈妈

和孩子一起边看动画片边聊天　云哲是个很害羞的孩子，在别人面前说话都会脸红。后来，我采取了和孩子一起看动画片的方法。在看的时候，我会经常和云哲一起讨论剧中的人物在哪种情况下，应该说哪些话。当剧中人物做出错误的行为时，我就这样引导孩子，“如果是云哲遇到这种情况，会怎么说呢？”通过这种方式，云哲终于慢慢意识到，说话不是单方面的事情，而是一种相互的交流。

宇京美　云哲的妈妈

多给孩子读童谣　我认为，童谣可以刺激孩子的感情，对培养孩子的语言表达能力和词汇能力都很有好处。因此，我经常去书店挑选适合美朗的童谣，然后读给她听。童谣中会使用很多的拟声词、拟态语，这些词语不仅富有韵律，而且生动有趣。美朗也从中获益匪浅，她现在已经成为妹妹的小老师了。

崔美善　美朗的妈妈

40

怎样让孩子说话有逻辑性

有些孩子一会儿说这个，一会儿说那个，听他（她）说话的人都弄不清他（她）到底想表达什么。下面介绍的是强化孩子逻辑能力的三个阶段。只有具备了逻辑性，孩子才能把自己的想法整理清晰并表达出来。

阶段一：做一个有逻辑性的妈妈

说话有逻辑性的孩子身边，一定有个说话有逻辑性的妈妈。妈妈每天和孩子在一起待的时间最长，所以是孩子最好的老师。当孩子出现状况或问题的时候，妈妈不要拒绝或是漠视，应该引导孩子合理地思考。

有逻辑性地回答问题 孩子提出问题的时候，妈妈应该就孩子想要了解的内容，做出逻辑性的说明，以便孩子理解。妈妈要动用自己掌握的所有知识，努力做出科学性的回答。如果遇到不懂的问题，可以和孩子一起查书、查字典，教给孩子找答案的方法。

情景：逻辑性对话

孩子：“妈妈，豆腐是怎么做的？”

妈妈：“先把豆子磨碎，再放进水里煮。等结成豆腐状以后，拿出来冷却，就变成豆腐了。”

虽然从跟妈妈的对话中，孩子并不能够完全理解豆腐的制作过程，但是，因为妈妈的回答很有逻辑性，孩子会乐于接受。有逻辑性地回答问题，也会让孩子很自然地学会如何有逻辑地思考“为什么”“怎么样”等类型的问题。

有逻辑性地提出问题 为了让孩子学会有逻辑性地思考，就不能只等着他（她）来提问题。根据情况提一些开放性的问题，对提高孩子的逻辑思考能力也很有帮助。提问时的重点，是要让孩子能够做出各种回答，而不是只用“是”或“不是”就解决了。

情景：逻辑性对话

孩子：“妈妈，下雨了。为什么会下雨？”

妈妈：“下雨是不是很神奇？雨是天空中的小水滴，变沉以后掉落到地面上的。”

直接解释下雨的原因之前，妈妈先要问孩子，是不是对下雨感到很新奇。这是为了引导孩子整理自己的想法。听到孩子的问题以后，再反问一遍，对于提高孩子的思考能力很有帮助。

帮助孩子理解别人的要求和行动　这个阶段的孩子，还不具备足够的社会能力。对于别人说的话，有时孩子还难于理解。妈妈要告诉孩子，其他人也和自己有着一样的要求，或者帮助孩子自己去领悟别人的话。

情景：逻辑性对话

孩子：“爸爸，我们去踢足球吧。”

爸爸：“知道了，你先去吧。”

爸爸正在工作的时候，孩子却吵闹着要出去玩。这时候爸爸可能心思还在工作中，就随便打发掉孩子了。遇到这种情况时，妈妈不要指责爸爸心不在焉，而应该跟孩子解释爸爸目前的状况。“爸爸现在有工作要做，要是带你出去玩，就没有办法工作了，所以让你一个人先去玩。”这样做，可以通过有逻辑性的解释，让孩子知道并理解爸爸的情况。

阶段二：掌握与孩子对话的技巧

发达国家从幼儿园开始，就让小孩子做演说。年级越高，这方面所占的分数也会越高。如果能很好地表达自己的想法，就可以更简便地整理学习内容，也能够把自己了解的内容与别人共享。在这个时期，能够共享知识的语言表达能力就是一种竞争力。有逻辑地表达自己，就是一种成功的战略。

指责孩子之前，先说明孩子的错误　如果对孩子说清理由，孩子就会明白为什么自己的行为是错误的，也能够接受别人的批评。与打骂不同，有逻辑性的话语，可以让孩子理解别人的要求，同时不会伤害到孩子的自尊。

对孩子说明他（她）的行为所带来的后果　告诉孩子，他（她）的行为将会带来什么样的后果。到了要去幼儿园的时间，可孩子还在磨蹭，这时可以告诉他（她），如果赶不上校车，就没法去幼儿园，也就不能和小朋友一起玩、一起上课了，更不能吃到好吃的点心了。尽可能让孩子意识到自己的行为所产生的后果，并对这样的结果负责。当让孩子了解了自己为什么应该这样做的时候，他（她）就会懂得采取自发的行动了。

不要打断或者漠视孩子的话　如果孩子能够充分地用语言表达出自己的想法，就可以培养孩子的逻辑思考能力了。而这种能力可以在日常生活中通过各种体验和语言来实现。如果经常打断孩子说话，或者完全漠视孩子，就很难培养孩子的这种能力了。

阶段三：使用疑问词的提问要领

使用疑问词，是展开逻辑对话的一个重要技巧。在与孩子的对话中加入疑问词，再引导他（她）做出回答，可以帮助孩子理解原因与结果的关系。如果孩子说“摔倒了”，妈妈就可以继续问，“谁摔倒了？”“怎么摔倒的？”“现在怎么样了？”

请这样提问

“**为什么**” 让孩子直接说明理由。

“**那么，下面要怎么办**” 这样的问题，可以让孩子做出更准确的回答。

“**你怎么知道的**” 让孩子解释更多的信息、信息出处以及推论的方向。

“**你想说的重点是这个吗**” 要求孩子对大人的陈述做出回应。

“**你为什么要那样说**” 让孩子对某个判断提出证据。

“**这样可以吗**” 对于孩子的论点，父母提出不同的观点。

“**能不能换个角度想这件事呢**” 指导孩子多角度看待问题，以便更加客观和完整。

Tips 序列训练

当孩子说话时无法把前后有逻辑的事情联系在一起的时候，最好能对他（她）进行“序列训练”。可以利用卡片，让孩子在规定的时间内，按照顺序讲述一件事情。例如，准备一套描述生物变化过程的卡片，让孩子按顺序说出来。也可以让孩子按照顺序说出一天的生活内容。5岁的孩子进行“序列训练”时，最好使用5～6张卡片，上小学之前，卡片数量可以增加到7张。

环环相扣的问题

5岁的孩子，说话已经有了一定的逻辑性，好奇心强，问题特别多。开始的时候，大部分妈妈都会认真诚实地回答孩子的问题。可是，当孩子的问题越来越古怪，而且一个接一个的时候，妈妈就开始不耐烦了，“好了，这个问题你自己想！”韩国幼儿教育专家李仁实指出，父母应该始终如一地认真回答孩子的问题。爱问问题是好奇心的表现，是所有孩子的共同特征。不过，存在注意力缺陷的孩子，也会一天

41 这样回答5岁孩子提出的问题

到晚不停地问问题，但这样的孩子总是提出相同的问题。如果发现这种情况，最好进行注意力缺失/多动症检查。

当孩子提出问题时 当孩子问“妈妈，天上为什么会下雨？”可以按照孩子的认知水平，简短地回答“是因为院子里的树口渴了”。充满专业词汇或者过分详细的长篇解释，并不适合这个阶段的孩子。

当孩子提出妈妈也不好回答的问题时 “妈妈，电是什么？”对于这样的问题，回答可能会很冗长。这时候，可以和孩子一起去查字典，找答案。这个过程也可以充分满足孩子的好奇心。

当孩子经常问一些古怪的问题时 “妈妈，紫菜包饭下面怎么裂开了？”“妈妈，屎屎为什么是这个样子？”这些在妈妈看来很古怪，甚至没有任何意义的问题，孩子却很好奇。对于此类问题，妈妈首先必须表示出真诚的态度，不要指责孩子问这样没有意义的问题，或表现出漠视的态度，这样一来，孩子可能会失去提问的兴趣。

让人笑不出来的笑话

“妈妈，妈妈，有个小朋友在公园里拉屎，嗯嗯地使劲儿，真好玩。”有时候，孩子会唠叨一些莫名其妙的事情，并且他（她）觉得那很有趣。起初的时候，妈妈可能也会跟孩子一起笑，但如果经常听孩子说这些，就会觉得很无聊。最后，妈妈要么装作没听见，要么指责孩子，“别净说那些没用的”。5岁的孩子，想象力、词汇能力以及幽默感都处于旺盛的发育阶段，常常会自己编一些笑话来说。这些笑话可以分为两种：一种是使用不良的脏话，还有一种是充满丰富的想象力。对于不同类型的笑话，妈妈要作出不同的反应。

充满想象力的问话　如果孩子的话语中充满了想象力，那么一定不要觉得烦，而应该表现出一种欢迎的态度。“你说有人在公园拉屎？那该多臭呀！”妈妈的这种反应会让气氛更加活跃。这时候，也可以进一步扩展对话，“那个小朋友拉完了以后是怎么收拾的？”特别是当孩子意思表达不够清楚或语言能力不够强的时候，扩展话题，可以吸引孩子做更多的表达，从而增加孩子说话的自信。

包含脏话的问话　如果孩子的话语中包含有脏话，哪怕依然充满想象力，也必须要制止他（她）。现在的孩子，每天被电视、网络包围，难免会接受到一些脏话或是不良的语言。孩子的学习能力很强，一旦学会了这些不良语言，就会经常挂在嘴上。当孩子说这些话的时候，必须要表现出坚决的态度，“那是不好的话，如果妈妈再听到你这样说，妈妈就会生气，而且会很伤心”。

NIK

42

5岁孩子的语言问题

5岁的时候，孩子已经完成了80%的语言发育，这是孩子语言发育最活跃的阶段，他（她）可以听懂一些玩笑和谎话，对俗语和笑话开始产生兴趣。这个时期的孩子，已经可以按照正确的语法，使用一些较长的句子了，也可以参与大人的谈话，能够区分图片、数字和文字了。而且，这个时期的孩子已经掌握了为了达到目的，与大人讨价还价的说话方式，例如，“你要是给我吃蛋糕，我就和你一起玩”。

语言发育自测

5岁孩子的语言发育检查表

□可以听懂基本的词语和句子。

□发音清晰。

□可以认真倾听。

□可以明确表达自己的意见。

□可以和同龄小朋友对话。

□可以按照实际情况说话。

□听完故事后，可以记住并复述出来。

□可以听懂妈妈发出的指令。

□可以按照自己的想法理解别人说（读）的内容。

□对文字表现出兴趣。

结果分析

如果孩子符合的上述项目在3项以下，则须要带他

（她）去语言治疗中心，咨询专家的意见。

具有代表性的语言问题

依然使用幼儿语言 如果孩子5岁以后仍然使用幼儿语言，就说明孩子在语言礼仪方面存在着问题。如果持续下去，在进入小学以后，孩子可能会无法顺利地表达自己的想法，所以，必须要帮孩子尽快脱离这种状况。父母不应总是按照孩子的水平和他（她）说话，而应该积极引导孩子向更高层次发展。当孩子说，“我困困了”，最好不要完全否定他（她），“你不能这样说！”可以直接告诉他（她）更准确的说法，“你是不是想睡觉了？”当孩子说出一些还属于婴幼儿期的语言和说法的时候，最好能随时给予纠正，帮助孩子逐渐摆脱这类语言。

学了新词却不会应用 如果想让孩子学习新的词语，就要在平时说话的时候经常使用这个词。不过，孩子常常会不分场合、不分情况地乱用这些词汇。例如，刚学会“瀑布”这个词，孩子可能会说，“瀑布从天上落下来。”遇到这种情况的时候，妈妈就要纠正孩子的错误说法，并为他（她）做出示范，“那不是瀑布，而应该是暴雨”。

说话慢，意思表达不清 当孩子说话慢的时候，有些妈妈会在无意中剥夺了孩子表达的机会。“你想喝什么？牛奶，还是果汁？”“给你果汁，好吗？”这种对话，其实是妈妈一个人在自说自话，对于孩子的语言发育是没有好处的。在孩子自己表达清楚之前，一定要给他（她）充分的时间，千万不能失去这个与孩子沟通的机会。在孩子表达不清的时候，一定要保持耐心。当然，把孩子说的话录下来，也是个不错的方法。

Tips 当孩子说错话的时候

当孩子表达错误的时候，最好能立刻纠正他（她）。如果事情过后再提醒孩子，他（她）可能已经记不起当时的情况和说过的话了。特别是语气方面的问题，最好在当时为孩子做出示范。这样，孩子就可以马上学会正确的表达方式了。

43 孩子说话结巴

在2～4岁这个阶段，与思维发育相比，孩子的词汇能力不足。说话的时候，如果孩子无法把语言整理好，就会出现结巴的情况。起初，父母可以注意观察，并采用一些孩子不易察觉的方法，帮助孩子把错误纠正过来。不过，4～6岁的孩子，如果结巴的情况持续3个月以上，最好还是咨询语言治疗专家。

孩子结巴的原因

□严重自卑或陷入压力的时候。

□突然更换幼儿园或搬家的时候。

□家庭成员发生变故的时候，例如父母离婚或者祖父母去世等。

□孩子天生性格内向。

这样只会让情况更加恶化

呵斥孩子 当孩子说话结巴的时候，不要呵斥或者指责他（她），特别是对孩子说，“你为什么结巴？”“好好说话！”父母这样的反应都是很危险的。如果父母过度敏感，孩子结巴几次就觉得自己好像犯了很大的错误。这种态度会给孩子造成更大的心理负担。

总是叫孩子“小结巴” 孩子说话结巴的时候，不要质问孩子，“为什么总是结巴？”这样只会让结巴的情况更加严重。如果孩子意识到自己结巴，说话之前就会更加紧张，反而说得更不利索。质问孩子还会让孩子因此而认为自己比别人差，纠正起来就会更加困难。特别要注意，不要叫孩子“小结巴”。

让孩子慢慢说 孩子说话结巴的时候，要尽量避免这种形式的忠告：“说话的时候注意点儿”“慢点儿说”等。正处在“发育结巴”时期的孩子，如果一一指出并纠正他（她）的错误，只会带来反作用。受到指责的孩子由于意识到自己的语言有问题而努力想改正，但往往会引出更多的障碍。

应该这样指导孩子

说话的时候看着孩子的眼睛 跟孩子说话，或要求他（她）做什么事的时候，尽量不要同时做家务或其他事情。可以先停下手里的工作，哪怕只是很短的时间，也要注视着孩子的眼睛跟他（她）说话。

让孩子看到与发音一致的口型 发音不准确的孩子都有一个特征，就是即使发音不同，口型却是一样的。因为发音不准确，自然说话也就会不流畅。在和孩子说话的时候，一定要让孩子看到与发音一致的口型，以便于孩子跟着学。

检查父母的语言习惯 孩子是父母的镜子。如果孩子平时说话粗鲁，在责怪孩子之前，应该先检查一下父母的说话习惯。因为父母正确的语言习惯会传达给孩子，是让孩子充满自信的源泉。

Tips 当幼儿园里有说话结巴的孩子时

很多孩子说话结巴，其实是从模仿别人开始的。如果幼儿园或经常去的公园，甚至邻居有说话结巴的小孩，父母就要格外注意了。如果孩子突然开始结巴，就应该暂时减少孩子与那些说话结巴的小朋友的接触。不过，如果刻意的回避，可能会对那些孩子造成伤害。可以采取一些其他的方法，例如，给孩子换个幼儿园等。

44

21世纪的教育重点是培养创造性

你的孩子是否会经常问一些稀奇古怪的问题？是否在没人教的情况下，你的孩子也能做出各种新鲜的玩意儿？这是不是就是富有创造性的孩子呢？

现实生活中，有越来越多的问题是无法靠简单的知识或者死记硬背的方法解决的。新时代的要求，不再是学习更多的知识，而是如何活用这些学到的知识。也就是说，创造性，成为了当前教育的一个关键词。一提到创造性，很多人就会认为创造性是那种别人想不到的奇特的想法。其实，这只是创造性的一个最小的概念。专业人士对创造性的定义是，“创造性是一种能够创造出新鲜有用的产出物的个人能力。”与以前的概念不同，创造性并不单单是一些新奇的想法。如果这种新奇的想法荒唐、背离现实，也是没有意义的。那么，有创造性的孩子应该具备哪些特性呢？

创造性关键词：性格

有丰富体验的孩子创造性更强　从外表上是很难判断出孩子的创造性高低的。不过，创造性强的孩子，要比同龄小朋友有更丰富的体验，经历的事情更多。

年龄越大创造性越低　创造性与年龄有着密切的关系，年龄越大，创造性越低。6岁以后，孩子的创造性会出现整体性下降的情况。之所以会出现这种结果，与孩子6岁后要进行语言、数学等认知学习的增加有一定的关系。

默默努力的孩子创造性强　大部分优秀的孩子都具备很强的调节欲望，这种倾向也能显示出与创造性的联系。创造性强的孩子，一般会默默地认真努力。妈妈的学历也会对孩子的创造性产生一定的影响。在关注度、育儿态度、信息收集等方面，妈妈都会对子女产生重要的影响。

创造性关键词：家庭环境

和爸爸交流的时间越多，创造性越强　创造性低的孩子与创造性强的孩子在与爸爸的交流时间上存在着很大的差异。据调查，创造性强的孩子，与爸爸的沟通时间一般都较长。这也印证了爸爸的育儿参与度会对孩子的创造性产生巨大影响的说法。

美术可以提高孩子的创造性　从幼儿园或者儿童之家回来以后的活动，对孩子来说也是非常重要的。有调查显示，经常进行美术活动的孩子创造性较强，而经常玩电脑和听音乐的孩子，创造性则偏低。

适度看电视有助于提高创造性　电视可以提供丰富的信息和资料，从这个角度看，电视对孩子的创造性发育是有一定好处的。有调查显示，观看一两个小时的电视，孩子的“认知及利用资料的能力”和“将资料细化的能力”都是最高的。而孩子把资料变形、创造新事物的能力，则是在完全不看电视的时候最高。所以，适当地观看电视，会对信息活用能力和分析能力有一定好处。但是看电视对独创性没有什么帮助。

怎样让孩子达到创造性指数的最高等级

让孩子多玩 1999年出生的秀关，在流畅性、好奇心、综合性能力方面都得到很高的分数。秀关还有两个弟弟，秀民（5岁）和秀延（3岁）。我的教育哲学就是让孩子尽情地玩。只要有时间，我就会带孩子到户外活动。即使在家里，我也会经常让他们玩面粉、颜料、沙子等。与那些价格昂贵的玩具相比，孩子们似乎更喜欢树枝、纸盒、平底锅等这些随处可见的东西。每周，我还会带秀关去一次幼儿园，让秀关和其他小朋友一起折纸、画画。5岁的时候，秀关学过两个月的语文，然后就开始自己写日记了。最近，秀关又开始对动物的死亡和宇宙感兴趣了。

金秀贞　秀关的妈妈

享受一个人的时间 2000年出生的在希是得到创造性评级的唯一的女孩。她的性格比较内向，在整体创造性中，注意力、观察力、记忆力和挑战意识方面得到了很高的分数。在希最大的特点就是喜欢一个人玩。看书、画画、做东西，每次都会集中精神在一件事上，而且一玩就是很长时间。在希5岁的时候学过两个月语文，并且参加了文化中心的音乐、表演、美术心理等课程。

宋美善　在希的妈妈

45 提高记忆力的方法

5岁的孩子，对面前的多件物品看过一次后，可以记住并且说出4个左右。例如，假设桌子上摆了很多东西，妈妈问，“桌子上面都有什么？”孩子会记住4个物品，“电话、铅笔、杯子、橡皮。”而成年人最多能记住的物品个数是7个。实际上，很多人会觉得自己能够记住更多的东西，这是因为人可以对物品进行“分类”的缘故。在记住某件东西的时候，孩子会在脑海中，按照人或物的特征，找出相互之间的关联，然后进行分类。这就如同我们在背书的时候，会按照节奏默记一样，孩子也会有自己的“战略”，对要记住的物品进行分类。当然，提高记忆力最有效的方法，还是为孩子提供一个可以让他（她）独自多看、多听、多摸的环境。

可以提高记忆力的六个家庭游戏

找出从桌子上消失的物品 在桌子上摆几件物品，但不要超过5个。先让孩子说出桌上都有什么，然后藏起一件，让孩子找出哪件东西不见了。这个简单的游戏，可以很好地提高孩子的注意力。

说反话 可以和5岁的孩子玩说反话的游戏。例如，妈妈说“小花猫”，孩子就要说“猫花小”。开始的时候，可以是2～3个字，然后逐渐增加字数。这个游戏不仅可以提高孩子的记忆力和注意力，还能够丰富孩子的词汇。

回忆游戏 这个游戏进行起来非常简单。例如，用“去市场”作为主题，“我们去市场，市场里有西红柿”“市场里有西红柿，市场里还有卖菜的大婶”，通过这种方式把话接下去。回忆，可以很好地开发孩子的记忆力。讨论的内容也可以是乘车时都看到了什么，去动物园看到了哪些动物等。

预测将要发生的事情　这个游戏就是预测日常生活中反复发生的事情。如果每次孩子从外面回来，都让他（她）洗手，然后喝牛奶。那么，孩子洗完手以后，可以问他（她），“洗完手以后做什么？”让孩子用语言把下面的行为表达出来。这样也可以提高孩子的语言能力。

跟着妈妈做　这个游戏就是妈妈先做出示范，孩子照着妈妈那样做。例如，玩积木的时候，妈妈先搭出一个造型，然后让孩子搭出同样的形态。这时候，最好能让孩子独立完成，妈妈不要帮忙。

剪出圆形、矩形、三角形　把彩色纸剪开，制作成圆形、矩形、三角形等形状。可以让孩子直接剪出图形，并且说出各种图形的特点，还可以让孩子把剪好的图形粘在纸上，再勾画出轮廓。可以利用线条，让孩子认识和想象各种各样的形态。

46

提高孩子的注意力

有些孩子，看上去很文静，坐在桌子前，却什么也不做。其实，这种情况同样属于注意力涣散。孩子注意力不集中，其原因多种多样。有的孩子是先天气质如此，不过，大部分是由于父母的养育方式和态度造成孩子今天这种情况。如果发现孩子注意力涣散，作为父母，就需要检查平时是否过多地干涉孩子，以及是否对孩子提出了他（她）难以达成的要求。如果家里的气氛特别压抑，或父母经常吵架，在这种环境中生活的孩子，出现注意力涣散的情况也要多一些。

提高孩子注意力的方法

育儿　了解孩子的气质，采取适当的育儿方法。如果对孩子提出超出其能力范围的要求，会让孩子感到有负担，注意力会因此更加涣散。父母还要避免过多干涉孩子。

家庭环境　如果家里的环境杂乱无章，很容易造成孩子散漫的性格。所以，尽量让家里保持整洁与安静。壁纸和地板最好选择可以稳定情绪的颜色，还要悬挂窗帘，可以减少外界的噪音。当孩子专心玩的时候，要关掉电视或调低电视的音量，消除影响孩子的因素。

训练　掌握孩子容易集中精神的时间，在这段时间对他（她）进行集中训练，并逐渐延长这样的时间。

游戏　让孩子玩积木或拼图，这样可以让他（她）感受到游戏的乐趣。注意力涣散的孩子，可以玩一些能够培养冷静和准确性的游戏，或者进行能够发散精力的足球、跑步等活动。

凝视法　盯着眼前的东西，好像要把它看穿一样。这种方法可以很好地提高注意力。让孩子端正地坐好后，在白色的背景上贴一个直径3厘米左右的黑点，然后让孩子凝视这个点。5秒、10秒……逐渐增加时间。也可以让孩子盯着父母的鼻子下方，持续5秒后闭上眼睛休息，然后10秒、20秒……逐渐增加时间。

找字　如果孩子已经识字，可以翻开一本书或者报纸，让孩子从中找出某一个字。然后逐渐缩小书的开本，这种方法也可以很好地培养孩子的注意力。

猜猜盒子里是什么　通过触摸，让孩子猜猜盒子里放的是什么东西。

语气　如果妈妈总是大嚷大叫或经常发脾气，会降低孩子的注意力。如果孩子习惯了声音大，在安静的环境中，他（她）反而会感到不安。如果妈妈平时养成小声说话的习惯，孩子对于身边的细小变化，也能集中精神认真观察。

生活习惯　尽量让孩子养成规律的饮食和睡眠习惯。对孩子来说，充分地摄取营养和充足的睡眠都是必不可少的。例如，必须要吃早饭，要在固定的时间上床睡觉等。

称赞　要想把成功的喜悦与注意力结合起来，就不要忘记称赞孩子。经常被呵斥的孩子会表现得缺乏自信，并且无法发挥出正常水平。如果孩子没有自信，必定会注意力涣散。平时多摸摸孩子的头，多亲亲他（她），经常对孩子微笑，对提高孩子的注意力有好处。

Tips 注意力检查表

1 手脚无法停下来。

2 经常一边吃饭，一边扭动身体。

3 总是打断爸爸妈妈说话。

4 无法一个人安静地玩。

5 不等别人问完，就急于回答问题。

6 无法认真听妈妈说话。

7 吃饭的时候很慌张，好像有人在追他（她）一样。

8 无法集中精神坚持看完一集儿童节目。

9 给孩子读书的时候，他（她）没有耐心听完。

10 经常弄丢玩具或其他东西。

结果分析

8项以上：须要进行注意力强化训练。

5～10项：注意力不够集中。

1～5项：平时须要提醒孩子集中注意力。

47 注意力严重分散的孩子，应该进行多动症检查

小斌非常好动，几乎一刻都停不下来。在幼儿园上课的时候，小斌总是在跑来跑去，根本不听老师说话，而且缺乏耐性，经常做出一些冲动的行为。小斌的这种情况一直持续到5岁，依然没有什么好转。后来，妈妈带小斌去医院检查，小斌被诊断为注意力缺失/多动症。注意力缺失表现为注意力涣散、难以集中，多动症表现为行为冲动。

有注意力缺失的孩子，大部分都同时伴有多动症。在4～6岁的儿童中，注意力缺失/多动症的比例约占4%～8%。其中有一半的患者，是在4岁之前就出现相关症状了，但大多是在进入幼儿园或者小学以后才被发现的。注意力缺失/多动症会发展成一种慢性障碍，并且有30%左右会延续到成年期。孩子为什么会出现这种情况，原因尚不明确。不过，大多数专家认为是因为不稳定的养育环境以及大脑障碍等引起的。如果父母一方存在这个问题，也很有可能会影响到孩子。

其他原因还包括父母离婚、再婚，对孩子缺乏关心等。美国加州大学洛杉矶分校的神经科专家伊丽莎白·苏威博士指出，在对27名注意力缺失/多动症儿童和46名正常儿童进行磁共振检查后发现，注意力缺失/多动症儿童的后额叶和前颞叶要比正常儿童小，而肥厚额叶和下顶叶比正常儿童大。苏威博士解释说，这四个部位都是行为和注意力中枢，与短期记忆、时间测定、控制冲动有着密切的关系。还有报告显示，儿童缺铁也是出现注意力缺失/多动症的原因之一。法国巴黎罗伯特·德布雷医院的艾利·科诺帕博士指出，在对53名注意

Tips 可以让头脑更聪明的八个方法

1 坚持吃早饭。

2 经常洗手。

3 保证充足的睡眠。

4 多听古典音乐。

5 多食用含有丰富维生素、矿物质和蛋白质的食物。

6 多进行能够刺激感官的活动。

7 经常使用左边的身体。

8 用强烈的欲望刺激大脑。

力缺失/多动症儿童进行了血液中铁含量的检查以后发现，有42名（84%）儿童血液中的铁含量偏低。

注意力缺失/多动症的检查和治疗

对于注意力缺失/多动症，如果没能及早发现，而只是以为孩子没有礼貌，不断地指责他（她），反而会造成孩子产生逆反心理。而且，孩子还可能会出现忧郁症、心理障碍等其他问题。特别是在上幼儿园或者小学以后，如果不能和同龄的孩子友好相处，注意力无法集中，孩子会出现心理问题或成绩下降的情况。

因此，如果孩子的注意力涣散情况严重，还是要带他（她）去医院进行检查。神经科以及儿童问题研究所等都可以进行注意力缺失/多动症检查。注意力缺失/多动症检查主要包括注意力、认知、智能、情绪、行为以及父母的相关检查等。不同的医院，费用略有不同，一般至少需要40万韩元（约合人民币2400多元）。如果确诊孩子是注意力缺失/多动症，可以采用药物治疗、游戏治疗、认知行为治疗等方法。

药物治疗，主要采用一种名叫哌甲酯（利他能）的药物进行治疗。这是一种刺激性药物，作用是提高儿童的注意力。有些人错误地认为，这种药物可以让孩子变得更聪明，因此让健康的孩子服用此药，这是很危险的做法，它有可能像迷幻药那样，让孩子陷入一种幻觉状态中。这种药物可能会引起失眠或食欲不振等副作用，因此必须要严格按照医生的处方服用。虽然有些父母可能会对使用药物产生抗拒心理，但让孩子结合药物治疗，确实能够取得更好的效果。

Tips 注意力缺失/多动症检查

注意力缺失

1 上课或者进行其他活动时，经常因为注意力不集中而出现错误。

2 聊天或者做游戏时，很难持续保持注意力集中。

3 即使有人站在对面说话，也好像没有听到似的。

4 无法按照指令完成学习、家务等一些应该做的事情。

5 不喜欢需要集中精神的活动。

6 经常丢失玩具、铅笔等物品。

7 情绪很容易受到外部刺激的影响。

8 经常把饭盒等落在幼儿园里。

多动症

1 四肢和身体一直在动，无法安静下来。

2 上课的时候依然跑来跑去。

3 常常在不合适的情况下表现得过度活跃。

4 无法参与一些安静的游戏或娱乐活动。

5 总在不停地动。

6 话特别多。

7 无法等到别人问完问题再回答。

8 无法遵守顺序。

如果孩子符合的项目全都达到6项以上，须接受注意力缺失/多动症检查。

48 让孩子远离网瘾

孩子沉迷于电脑怎么办

由妈妈决定孩子使用电脑的时间 必须要规定好孩子使用电脑的时间。可以把孩子用电脑的时间以及经常登录的网站记录下来。只有准确掌握了这些信息，才能找到适当的解决办法。

了解孩子为什么会沉迷于电脑 要明确了解孩子沉迷于电脑的原因。孩子是要从网络中获得什么，还是在现实生活中感到困惑和不安，或者是因为与父母在一起的时间太少，缺乏交流……找到原因之后，还要进行分析。

制定电脑使用时间表 如果电脑是全家人共用的，就要制定一个使用电脑的时间表，确定每个家庭成员用电脑的时间，并且一起遵守。这样一来，在遵守规定的前提下，无论父母还是孩子，都可以自由地使用电脑。

可以采取物质奖励 哪怕孩子只是发生了一些很小的变化，也要积极地称赞和鼓励他（她）。父母的赞扬以及一些物质奖励，会对纠正孩子的不良习惯有很好的效果。

帮助孩子远离网瘾

减少待在家里的时间 可能的话，尽量多带孩子展开户外的活动。从幼儿园回来以后，可以带孩子去市场买东西，或邀上其他小朋友一起去公园。如果只有孩子一个人，他可能会感到无聊。在公园玩一两个小时，回家以后可以让他看一会儿故事书，再玩一会儿玩具。不去幼儿园的时候，可以带孩子去稍远的地方，让他玩玩轮滑或骑自行车。

郑慧淑　尚贤的妈妈

制定使用电脑的规则　制定好用电脑的规则，例如不能一个人用，必须由爸爸来打开电脑。为了遵守与孩子的约定，丈夫可以尽量早些回家。如果爸爸不回来，电脑就打不开。这样一来，孩子就只能做些别的事情来打发时间了。还要规定好用电脑的时间，例如，一天30分钟，可以和爸爸一起玩电脑游戏。在购买一些游戏光盘的时候，爸爸最好亲自挑选，并且提前玩一下，确认没有任何不良影响以后，再让孩子一起玩。

李贞夏　宰勋的妈妈

展开特别教育　看到孩子只要一有时间，就坐在电脑前面，着实让人头疼。后来，邻居的妈妈告诉我，可以丰富孩子的生活，不要让她感到无聊，这样她就不会只盯着电脑了。于是，我给真英报名参加了钢琴、跆拳道以及游泳班。本来我也担心，对这么小的孩子来说，学的东西是不是太多了。不过，我还是决定坚持下去，直到孩子对电脑失去兴趣为止。

李秀敏　真英的妈妈

Tips 远离网络伤害

你的孩子是否经常浏览一些黄色或暴力的网站？如果存在这种担心，可以考虑在电脑上安装儿童保护程序。这样的程序有很多，但不同程序也存在着一些差别。不过，大多数程序既可以过滤不良网站，又能够控制孩子上网时间。

贫穷培养自立，著名的光脚舞者——伊莎多拉·邓肯

被称为“光脚舞者”的伊莎多拉·邓肯是著名的现代舞舞蹈家。邓肯经常脱掉舞鞋，光脚起舞。这在19世纪的舞蹈界，被看作是离经叛道的行为。

邓肯这种脱离传统，追求独特艺术境界的精神，完全来源于她有一位自由奔放、极富艺术气质的母亲。在邓肯还是婴儿的时候，她的母亲就与父亲离婚了。邓肯的母亲是一位音乐家，靠给别人上钢琴课来养育四个子女。邓肯刚会走路就开始跳舞了，很早就表现出了非凡的艺术天分。而且，邓肯性格坚强独立，不到10岁，就开始靠教别的孩子跳舞挣钱了。而早早打破邓肯对于“圣诞老人”幻想的，也是她的妈妈。

那是邓肯小时候的一个圣诞节，和其他孩子期待着圣诞老人送礼物来不同，邓肯大声告诉其他孩子，“根本没有圣诞老人”，结果邓肯被老师罚站了。虽然受到惩罚，但邓肯依然坚持，“妈妈说，我们家太穷，她没法扮圣诞老人送给我礼物，只有有钱人的孩子，才能得圣诞老人的礼物！”后来，妈妈知道了这件事，虽然有些难过，但还是告诉女儿，“这个世界上没有圣诞老人，只有你自己能够帮助自己”。邓肯回忆说，是贫穷让她学会了独立，也让她学会了掌握自己的人生，表达自己的想法。

或许你也曾经因为无法满足孩子的要求而感到自责？那么，像邓肯的妈妈那样，告诉孩子真相，这也是推动孩子成长的动力。

译注：伊莎多拉·邓肯（1877—1927），美国著名的舞蹈家，现代舞的奠基人，被誉为“现代舞之母”。

Part 06

让孩子在充满爱的环境里成长

充分发挥 父母职责

49

下班后，请和孩子玩30分钟

孩子含着眼泪站在门口，双手紧紧抓着妈妈的手提包，可妈妈此时满脑子都是今天开会要提交的报告。孩子趁妈妈不注意，把手提包藏到了身后。如同一个决战的时刻，妈妈匆匆亲亲孩子的脸蛋，然后抢过手提包开门而去……妈妈的胜利，换来的是背后孩子“哇哇”的哭声。此刻，作为胜利者的妈妈，内心何尝不是辛酸难耐呢?

“难道我真的不是一个好妈妈? ”每天早上，职场妈妈可能都要无数次面对这样的自责和懊悔。可是，现实情况不允许辞掉工作。只能一边工作，一边照顾孩子。有没有什么方法能够两者兼顾呢? 其实很简单，每天下班后，和孩子一起玩30分钟。和孩子一起洗个泡泡浴，听孩子念叨今天都发生了哪些有趣的事，或者干脆一进门，就和孩子躺到地板上打几个滚，也可以给他（她）讲个好听的故事……和妈妈在一起的时光，即使非常短暂，也会带给孩子无比的快乐。

一定要记住，并不是整天陪着孩子的妈妈才是好妈妈!

50

聪明地责备孩子

在养育孩子的过程中，呵斥、打骂，可能是在所难免的，特别是当家里有两个年龄相仿的孩子时，这种情况可能每天都要发生好几次。要想成为更称职的父母，就必须要学会如何聪明地责备孩子。

聪明地责备孩子，是最重要的育儿技巧之一，却也是一件非常困难的事。不过，育儿专家指出，只要掌握了基本的原理和方法，并且经常实践，父母都可以做到聪明地责备孩子。首先，我们来分析一下体罚，这是父母最常使用的一种教育手段。

体罚会让孩子感到自卑和紧张

很多父母会在孩子犯错的时候打孩子。他们认为，这样就可以让孩子认识到错误，并使孩子以后不敢再犯了。可是，这样做真的有效吗？可以体罚孩子吗？体罚能否帮助孩子走到正确的道路上，关于这个观点，一直存在着正反两方面的意见。因为个人、地区、国家、文化、习惯、宗教等差异的原因，大家对这个问题有着不同的认识。

在美国，经常会出现因为打孩子而惊动警察的事情。有研究表明，大部分美国父母在养育子女的过程中，都会通过拍打孩子两下来进行体罚。所谓拍打，就是当孩子犯错的时候，用手掌拍打两下孩子的屁股或四肢，不至于让孩子受伤，但孩子会感到疼痛。不过美国儿科学会、专业医生、学生家长、教师、教育委员、国会议员等，对于这种拍打式的体罚，在原则上也是不赞成的。因为从小经常受到体罚长大的孩子，在学校、家庭以及社会上都会表现出一定的暴力倾向。这些孩子成年以后，也依然会维持这种状况。

在韩国，到目前为止，大家对于体罚的态度还是比较宽容的，特别是在教育系统中，有一部分人认为，为了让孩子走上正确的道路，体罚是必需的。还因此出现了很多新名词，比如，教育体罚、爱的惩罚等。甚至有的学校在纠正学生错误的时候，老师会用藤条打学生，并视之为一种教育方法。

你们愿意打就打，可我还是要那么做

儿童时期的体罚，绝对是要不得的。体罚之后，可能会立刻看到体罚的效果，但却不是一种积极的变化。体罚并不能改变孩子的想法，那只是让他（她）为了逃避恐惧而做出的改变。也就是说，在孩子的脑海中会形成一种条件性的反应，因为“这种行为会挨打”，而不会再去做那件事。但是，这一招只在孩子4～5岁之前有效。

孩子更大一些以后，体罚就不会再有效了，他（她）会反复做一些与之前相同的错误行为，令妈妈更加生气，“你怎么又不听妈妈的话？上次不是已经答应妈妈不再这样了吗！”然后可能会下手更重地打孩子。这时的孩子会选择不断地说谎，或者根本听不进父母的话，最终陷入与父母的战争中。最糟糕的是，他（她）不再害怕被父母打，甚至做出更叛逆的行为——你们愿意打就打，可我还是要那么做！如果真的发展成这样，那么父母与子女之间的关系，就会完全陷入对立状态。

体罚带给孩子更多的是身体上的痛苦，很多孩子可能根本记不住自己到底犯了什么错而挨打，只记得当时有多痛以及妈妈是怎样打自己的。因为，在亲历的各种体验中，人会更容易记住伴随有强烈情绪的瞬间。如果父母的体罚经常能够控制孩子的行为，那么孩子会一直处于畏惧不安的状态，只能按照大人的意志去成长。

聪明地责备孩子

父母要控制好情绪　父母在情绪激动的状态下责备孩子，不仅会从感情上伤害孩子，而且会恶化与孩子之间的关系。特别是妈妈，在发火的时候指责孩子，常常是越说越气，还会想起过去的很多事情。但事情过后，妈妈又会感到后悔……

必须让孩子明白原因　在指责孩子之前，先要思考一下责备孩子的原因：是因为妈妈的自尊心受到了伤害，还是觉得被孩子轻视？责备孩子，必须要有明确的目的。“因为我的责备，孩子会变得更好”——这才是正确的目的。

可能的话，减少责备的次数　经常受到责备的孩子，慢慢就会对责备感到无所谓。可能的话，要尽量减少责备孩子的次数。一定要让孩子明白，“妈妈虽然不经常说我，但是如果我做错了事，就一定会受到责备”。当然，这就需要妈妈在很多时候能够忍耐得住。

降低责备的程度　责备孩子的程度不宜过重，必须要在孩子能够承受的范围之内。当孩子犯错的时候，如果觉得须要责备他（她），可以适可而止地说几句。如果语气过重，孩子

迫不得已时的体罚原则

问孩子为什么会挨打 不要无条件地说，“只要错了就必须挨打！”体罚之前，必须要让孩子重复一遍到底为什么挨打。重要的不是体罚本身，而是通过体罚的前后过程，纠正孩子的错误行为。千万不要让孩子认为，打完了，事情就结束了。

妈妈不要心软 体罚孩子的时候，最重要的是妈妈一定要控制好自己的情绪。就算与孩子约定好要接受处罚，也一定要随时观察孩子的状态和反应。如果孩子表现得特别恐惧，或者无法忍受，妈妈不必过分坚持。

体罚后要给孩子一些时间 体罚之后，要给孩子充分的时间，并且要陪伴在孩子身边。可以告诉孩子，为什么一定要打他（她），问他（她）是不是很疼，现在有什么想法等。当然，必须要告诉孩子，“妈妈并不想打你，这样做也是为了你好，妈妈还和以前一样爱你。”

不要向孩子道歉 有些妈妈在体罚之后，会觉得对孩子很抱歉，希望得到原谅。这是一种很错误的想法。妈妈之所以会有这样的想法，是因为她打孩子并不是为了孩子好，而是为了释放自己的情感。另外，也不要刚刚打完孩子就去哄他（她）。这同样会让孩子产生误解。体罚之后，妈妈一定要在完全冷静之后，再拿出时间去观察孩子。

可能会一下子哭起来，或对父母感到绝望。

事情过后要听孩子的想法 责备之后，待情绪稍微冷静一些以后，可以听听孩子的想法，也对孩子说说妈妈的希望。一定要给孩子独立思考的机会。这样，孩子就会改变了吗？回答是一定的。要知道，和急风暴雨相比，绵绵细雨会让庄稼长得更好。

使用惩罚手段 如果孩子不肯听话，可以采取一些惩罚手段。也就是说，可以剥夺孩子的一些权利，或取消之前的奖赏。例如，本来每天都可以看一会儿动画片，但是孩子今天做错了事，就不能看电视了。如果错误更严重，可以取消原定周末去公园的安排等。不过，在使用这种方法之前，必须在事前给孩子提出警告。也就是告诉孩子，如果你这样做，就会导致这样的后果。提前告知孩子结果，然后让孩子自己去调节自己的行为。

关禁闭 对于这个时期的孩子来说，禁闭也是一种很好的方法。当孩子犯错以后，可以暂时停止他（她）的其他活动，带他（她）到另外的房间，让他（她）自己反省。一般在孩子满2岁以后都可以使用这种方法了。这时候，孩子已经可以听懂大人的话，并且能够理解自己的错误了。按照不同的年龄，禁闭的时间也有所不同，但总的来说，只要孩子能够认识到自己的错误就可以了。禁闭的地点可以是卫生间、储物间等，有些妈妈也会把孩子关在壁橱里。不过，一定要避免黑暗的空间，以免让孩子感到恐惧。禁闭之后，一定要让孩子想一想为什么自己会被关起来，妈妈也要跟孩子明确地说明理由。

51 5岁孩子应该了解的金钱概念

很多经济教育学家建议，如果想对孩子进行成功的金钱教育，最好从幼儿园时期开始。当孩子明白，买东西是需要钱的时候，就可以开始对孩子进行金钱教育了。

5岁的孩子已经大致掌握10元、100元的区别，而且知道100元比10元更好，可以买更多的东西。不过，到目前为止，孩子对于数的概念还不准确，他（她）可能会认为三张10元比一张100元更多。这个时期的孩子，也还没有什么时间概念，总觉得只要有钱，就可以去买自己想要的东西，不会想到，现在把钱花光了，以后的几天就没有钱用了。而对于4～5岁的孩子来说，让他（她）按一定的时间花一定的零用钱，还是有些困难的。不过，可以让孩子在固定的时间从父母那里得到一些钱，然后教育他（她）养成储蓄的习惯。正式的金钱教育是从孩子准确掌握“钱”的价值开始的，所以，从7岁开始会更加合适。到那个时候，孩子已经能够基本理解数和时间的概念了。

通过游戏让孩子了解钱的概念

去商店买东西

材料 用牛奶盒做的硬币（20个1元、10个5角），各种物品卡片（可以从杂志上剪下来）。

玩法 把卡片摆在桌子上，假设是一个商店，把硬币交给孩子，让他（她）来买东西。这个游戏可以让孩子学会“钱”的计算。这样，孩子可以很轻松地掌握10以下的加减法，利用5角和1元的硬币，可以熟悉以5为中心的计算方法。

了解钱的价值

材料 把家里的各种物品集中起来，用便签写好每件东西的价格，贴在上面。

玩法 数出与价格一致的钱，放在东西前面。例如，一个苹果300韩元（约合人民币1.8元），一个梨1000韩元（约合人民币6.1元），孩子就会明白，梨比苹果贵；一支铅笔200韩元（约合人民币1.2元），一个笔筒2000韩元（约合人民币12.2元），孩子就会知道，笔筒的价格比铅笔更高。熟悉了这种游戏以后，可以带孩子去超市，让孩子比较每件商品的不同价格。

提高孩子的理财指数

买东西的时候和孩子商量 要告诉孩子，钱是父母辛苦工作挣来的。买东西的时候，可以和孩子一起讨论商品的价格和用途，然后和孩子商量购买哪件商品。

向孩子解释钱的用途 有些父母会满足孩子的一切购买要求，哪怕孩子的一些要求是不合理的。这样做显然是错误的。这会让孩子觉得，父母钱包里的钱是永远用不完的。面对这样的孩子，父母必须要告诉他（她），这些钱是怎样来的以及这些钱会对家庭生活产生怎样的影响。解释的时候，不要告诉孩子具体的钱数，只要让他（她）明白父母是怎样通过辛苦工作才得到这些钱的，以及这些钱应该怎么使用，就可以了。特别是双职工父母，千万不要用给孩子钱来弥补无法陪在他（她）身边的遗憾。

给孩子办一个存折 用孩子的名字开一张存折，可以借机告诉孩子银行的作用以及利息的概念。这样，银行将成为孩子体验经济活动的第一个对象。有了存折以后，可以定期带孩子去银行。需要注意的是，不要让孩子与其他兄弟姐妹的储蓄金额做比较。否则，可能会降低教育效果。

0
1
2
3
4
5
6
7
8
9

52

有没有什么方法，可以让孩子既学习到知识，又不觉得无聊呢？那就是做饭。这项活动不需要特别的教材和教具，却能刺激和开发孩子的感官，是一项特别的学习。和面、切菜……厨房永远是让孩子感到无限新奇的地方。

通过做饭来提高孩子的智力

做饭之前 在带上围裙走进厨房之前，妈妈必须先和孩子一起确定菜单。这时候，应该选择一些简便易行的菜式，最适合妈妈和孩子一起制作的食物，包括面片汤、三明治、咖喱饭、沙拉、小甜饼等。确定好菜单以后，可以先和孩子讨论一下食物的制作过程。比如“圆萝卜要怎么变成方形呢？”“辣椒一遇到盐，会变成什么样？”等等。

做饭之时 和孩子一起做饭的时候，妈妈最担心的就是安全问题。为了防止发生事故，为孩子准备一套适当的厨房用具是很有必要的，还要就菜刀等危险物品对孩子进行安全教育。孩子的厨房用具最好选择热传导性差的木质产品。准备好工具以后，就可以开始处理材料了。准备的时候，尽量选择那些不必用刀切，只用手剥掉表皮，洗干净就可以用的材料。放调料、翻炒、盛盘这些过程，都可以让孩子来完成。

做饭之后 饭做好以后，可以让孩子负责摆桌子。对于一些比较重的器皿，妈妈可以适当给予帮忙。在餐桌前坐好以后，不要忘记告诉孩子用餐的礼仪。看着自己做的食物，孩子一定会有巨大的成就感。可以给这些制作好的菜肴拍照，做成一本小画册送给孩子。

53 制订家务目录和计划

确定家务目录

按照每天、每个周末、每个月末进行划分 把玩具放回箱子里、收拾饭桌、把碗碟送到厨房……这些简单的工作，每天都可以让孩子做一些。每个月末进行大扫除的时候，妈妈整理阳台，可以让孩子在旁边帮忙搬一些小东西，或者让他（她）给花浇浇水。孩子比较容易完成这些工作，而且还能从中体会到成就感。

充分尊重孩子的意愿 有些事情，即使孩子很想尝试，但如果他（她）做起来确实比较困难，或做这些事存在危险，也是不能答应孩子的。不过，在孩子能力范围内，还是应该尽量尊重他（她）的意愿。

不执行的时候要给予适当惩罚 今天轮到孩子收拾桌子了，他（她）却犯懒，不肯动。这时候，就可以对孩子采取一些小小的惩罚措施。因为这不仅是不做家务的问题，

Tips 不要用钱做奖励

当孩子帮忙做家务的时候，最好不要用金钱或礼物作为奖励。这样很容易让孩子觉得，“家务是为妈妈做的”。实际上，应该让孩子认识到，“家务是我的事情，是家里的事情”。

而是一种不负责任的表现。如果应该孩子做的事情，他（她）没有做，由别人来完成了，就要让孩子代替别人完成另一项工作。

制订帮助妈妈做家务的计划

自己晾晒衣服 用洗衣机洗好衣服以后，可以让孩子自己晾晒袜子、内衣等小衣物。告诉孩子方法后，这项工作是很容易完成的。

整理书籍和光盘 可以让孩子把自己的书和爸爸妈妈的书区分开来，然后摆到书架上去。这个阶段，孩子可能还不能按照英语、童话、字典进行分类。不过，孩子把书插进书架是没有问题的。

做饭 这个时期的孩子，已经可以完成一些简单的厨房工作了，比如剥葱等。妈妈觉得有孩子在厨房很麻烦。但在孩子看来，这却是一项很有趣的游戏，所以他（她）非常乐于参与。

买东西 开始的时候，可以由妈妈带着孩子去买东西。因为让这个年纪的孩子独自去买东西，还是会让人比较担心的。当孩子熟悉了以后，就可以让他（她）一个人去买东西了。不过，孩子去之前妈妈还是要先给超市打电话，确认好要购买的物品以及金额。

54 怎样让博物馆更加有趣

如果曾经带孩子去过博物馆，那么就问问他（她）在博物馆都看到了什么，有什么样的感觉？如果孩子什么都说不出来，父母就要重新检讨一下展开“博物馆之旅”的方法了。

去博物馆之前

改变观念 博物馆，是可以让孩子尽情观赏与感受的，是充满想象与冒险的世界。不过，大部分的父母在计划参观博物馆之前，都会有一些担心：“到了博物馆，绝对不能让孩子又跑又跳”“争取能多看些东西”。其实，这些要求可能会降低孩子对博物馆的兴趣。而且，作为父母，首先要做的，是抛掉通过去一次博物馆，就让孩子学习到许多知识的想法。

选择博物馆 去博物馆之前，最重要的是选择一家可以激发孩子兴趣，并让孩子能从中获益的博物馆。如果孩子喜欢汽车，可以带他（她）去汽车博物馆；如果孩子喜欢吃泡菜，那就可以带他（她）去泡菜博物馆。确定好目的地以后，就可以开始收集相关信息了。可以通过上网，找到博物馆的相关信息以及最近的活动资料。还可以从网页上打印一两幅孩子喜欢的作品，在去博物馆的时候，让孩子寻找这些作品。当然，还要告诉孩子参观博物馆时要遵守的一些事项，并告诫孩子不要妨碍到别人，不要触摸展品等。

博物馆里开展的六项活动

说说最喜欢的作品 大部分的妈妈在参观博物馆的时候，会不停地提醒孩子，“不许说话，好好看”。这无疑会影响到孩子浓厚的兴趣。当碰到孩子喜欢的作品时，不必着急走，可以停下脚步，和孩子好好聊一聊：“这幅画想要表达什么意思呢？”“这幅画的色彩怎么样？”……

接受孩子提出的各种问题 孩子欣赏作品的时候，会提出各种各样的问题。对于这些问题，父母必须诚实地做出回答。如果当时回答不出来，要把问题记下来。“妈妈也不知道，回家以后查查再告诉你吧”，这样的回答，可以很好地调动起孩子的兴趣。

印象最深的纪念品 参观完博物馆以后，一定要到纪念品商店看一看，可以在那里购买一两件孩子喜欢的模型或者工艺品。有些东西，在妈妈眼里没有价值，但在孩子看来，却是宝贝。纪念品可以加深孩子对博物馆的记忆。

临摹喜欢的作品 去博物馆的时候，一定要为孩子准备好速写本和铅笔。如果遇到孩子喜欢的作品，就可以坐下来，对作品进行临摹。这也是一种很好的体验。

模仿雕塑的姿势 参观一些户外雕塑的时候，可以让孩子也当一回模特。妈妈可以和孩子一起模仿雕塑、摆出姿势。妈妈和孩子都可以自己变换各种姿势，这样做，可以让孩子感受到，雕塑并不是一种单纯的造型，而是能够表达作者想法和感情的作品。

直接拍照 如果孩子会拍照，去博物馆的时候就可以给他（她）带一台照相机。通过镜头看作品，可能会有另外一种感觉。当然，如果能有一台按下快门就能看到照片的相机就更好了，可以马上看到照片，这会增加孩子的兴趣。而且，对孩子来说，这些照片将是比任何纪念品都更有价值的礼物。

回家后的回味

记录下一两件事 把去博物馆的经历写成作文，是让孩子很头疼的一件事情。其实，让孩子既不感到厌烦，又能记录下旅行的经历，也是需要技巧的。可以选择一些孩子容易接受的方法，比如，让孩子写一篇简单的日记，或让孩子把感觉画成一幅画。在下次去博物馆的时候，还可以把这些拿出来作为参考。

用纪念品装饰孩子的房间 在孩子的房间里留出一处空间，专门用来展示各种纪念品。这里的纪念品包括去博物馆和其他地方旅行时带回来的东西。经常被这样的艺术品包围着，孩子对于艺术的兴趣也能够被激发出来。

展示图片或照片 帮助孩子把在博物馆里拍的照片展示出来。可以把这个展示空间设置在孩子的房间或客厅。这样可以让全家人以及来做客的朋友都能欣赏到。为了向大家介绍这些东西，孩子会主动努力收集更多的信息。

Tips 韩国特色博物馆

蜘蛛博物馆/蜘蛛王国 这家博物馆位于生态公园中，展示了两千余件蜘蛛标本。

光州之颜博物馆 展示了千余件用石头、木材、陶瓷等材料制作的人脸造型。

国立民俗博物馆之儿童博物馆 以体验为主的博物馆，可以通过用眼看、用手摸、用身体感觉来体验各种民俗内容。

马史博物馆 展示了一千三百余件马的雕塑以及马鞍、马嚼子等马具。

漫画博物馆 展示了金永焕、江哲秀、李显世等人的漫画以及相关作品。

盆唐自然史博物馆 展示了韩国及世界其他25个国家的生物（昆虫、两栖类、爬行类）、岩石等标本。

地球村民俗博物馆 展示了世界百余个国家的各种仪式用品。

中南美美术馆 亚洲最好的中南美主题博物馆，展示了两千五百多件中南美文物。

55 哪个孩子更可爱

十个手指头，碰哪个都会觉得疼。每个子女都是父母最珍贵的宝物，无法割舍。但是，有一些父母无法做到平等对待所有的子女。每个孩子都有自己的个性和特点，称职的父母，应该根据孩子的具体情况，给他们均衡的爱，而不能偏心。否则，只会对孩子造成伤害。

照顾好每一个孩子

老大 很多长子长女都有着强烈的完美主义倾向，认为父母对自己的期望值要比弟弟妹妹更高。不过，有时老大也会因为要为弟弟妹妹做出榜样而感到有负担。在弟弟妹妹出生之前，老大独占了父母所有的关心与爱，拥有强烈的自信和占有欲。当弟弟妹妹出生以后，老大开始出现愤怒、妒忌、不安等情绪，有时也会做出一些过激的行为。在这种情况下，父母必须让他（她）明白，“即使做错了事，爸爸妈妈也依然爱你”。这会让孩子安心。

最小的孩子 性格自由奔放，有个人魅力，令人疼爱。此外，最小的孩子有时会表现出一定的叛逆性，自我意识强烈、注意力涣散、缺乏耐性，对其他哥哥姐姐享受到的特权和关注产生妒忌，无法摆正自己的位置。因此，父母不要过分疼爱最小的孩子，应该尽量尊重孩子的意愿，培养他（她）的独立精神。

中间的孩子 通常在一个团队中，能力最强，而且常常能够平息争斗的就是中间的人。中间的孩子，其性格综合了老大的认真、专注以及老小的外向、开朗。不过，可能因为处于中间位置，无法获得特别的关爱，这样的孩子为了确保自己的位置，有时会表现出一定的反抗性。父母一定要理解孩子的这种情绪，并对所有的孩子都平等对待。

如何根据性别来照顾孩子

如果家里只有女孩，没有男孩，孩子就会表现出强烈的自我意识，并且具有领导才能。如果家里只有男孩子，就要经常使用包含爱、伤心、愤怒等感情的词语，营造一种氛围，让孩子可以自然地表达自己的感情。如果家里男孩、女孩都有，父母就要注意，既不能重男轻女，也不能重女轻男。

不要按照性别判断孩子的喜好 女孩可以喜欢看体育比赛，男孩也可以喜欢在厨房帮妈妈做事。孩子的喜好，有时与性别并没有关系。

不要以为所有孩子都一样 就算儿子、女儿有共同的爱好，每个人也还是会有各自的特点。即使是性别相同的孩子，父母也应该与每个孩子进行一对一的沟通和交流。

不要仅凭父母的主观意志做出推测 一种方法，可能对这个孩子很有效，但对另一个孩子，可能完全没有作用。

不要将孩子分类 不要对孩子进行分类：这个是学者型，那个是运动员型。这种做法本身就是错误的。

Tips 对长子（长女）的特别关爱

1 趁着弟弟妹妹睡午觉的时候，和大孩子来个约会。

2 尽量在外面开展一对一的约会。

3 约会的时间可以形成规律，定期进行。

4 就算孩子们的就寝时间只有15分钟的差异，也可以利用这个时间，和大孩子谈谈心。

5 让大孩子参与一些日常琐事，比如购物，并可以利用这个机会与大孩子进行沟通。

6 偶尔送大孩子去爷爷奶奶或姑姑、舅舅等亲戚家过几天。

56 什么是“幼儿淫秽综合征”

幼儿期的孩子，貌似还什么都不懂，但也有可能受到色情淫秽的毒害。如果孩子看到一些刺激性的色情场面，就会被吸引，并且产生想要尝试的冲动。这个阶段的孩子，还没有足够的“性”的概念，道德判断力也比较薄弱，常常用冲动的行为表现自己的想法。5岁的K君经常能接触到父母看的成人录像。有一次和妈妈去商场，他竟然在儿童活动区里脱掉一个4岁小女孩的衣服，并用圆珠笔在对方的性器官上随意乱画。4～5岁的孩子，已经可以清楚地区分两性的区别，并对性产生了强烈的好奇。这个时期，可以通过一些角色扮演游戏，帮助孩子正确了解性知识。

这个时期的孩子知道多少性方面的知识

明确了解男性和女性的差别 这个时期的孩子，已经知道了男女的差异。对于男女身体上的差异，孩子会作出敏感的反应，并开始对男女身体的差异提出各种比较具体的问题。比如女孩子会问，“为什么爸爸有小鸡鸡，可是我没有？”男孩子则会受到好奇心的驱使，去掀女孩子的裙子。

越来越想要模仿大人的行为 孩子会经常从电视或电脑中看到一些男女接吻的场面，并且产生想要模仿的欲望。因此，常常会做出一些让父母吃惊的行为。有些接触过色情淫秽内容的孩子，还会不停地向父母询问相关问题，并以此为乐。

孩子的出格表现和应对方法

模仿性行为的游戏 想要观看同龄小朋友的性器官，或经常触摸自己的性器官。总是用重复的行动模仿具体的性行为的场面。触摸妹妹或女性朋友的下体，把自己的身体压上去……这些场面常常会让大人们感到惊慌失措。

应对方法 绝对不要表现得特别震惊或者惶恐。否则，孩子就会更加好奇，然后寻找父母看不到的场所继续这样的游戏。可以先告诉孩子，“以后结了婚，才能脱掉衣服，像爸爸妈妈那样。现在和小朋友在一起的时候，应该穿好衣服”，然后很自然地把孩子的注意力转移到其他活动上，并且告诉孩子，触摸性器官，或掀开裙子是一种非常错误的行为。而且这些行为会引起对方的厌恶。

随意玩弄性器官 经常触摸自己的性器官，做出好像自慰的样子。严重的时候，甚至向生殖器里塞插异物，造成伤害，还要去医院就诊。

应对方法 尽量不要在孩子面前做出担心或紧张的样子。如果因为这个指责、打骂孩子，反而会让孩子产生负罪感，或因此产生偏见，认为性是一件肮脏的事情。这时候，只要让孩子了解，必须尊重自己以及别人的身体就可以了。

一看到大人，就会感觉紧张和慌乱 因为色情场面中做出各种恐怖行为的都是大人，孩子会对以父母为首的大人产生敌对感，并躲避大人，或做出撕掉大人照片等不安的行为。

应对方法 要从根本上消除孩子的疑虑。最好能利用书籍或者图表，告诉孩子女性和男性的差别、性行为的含义、色情产品的目的等，对孩子进行正确的性教育。

Tips 父母正在亲热，被孩子撞见怎么办

电视画面中出现的人物，毕竟都是不认识的人，他们的行为，对孩子来说，并没有太大的意义。父母亲热的场面就完全不同了。看到平时最亲近的父母脱掉衣服，好像在打架，还发出痛苦的呻吟……这种场面只会让孩子感到恐惧。严重的时候，孩子甚至会对异性的父母产生敌对的感情，或对所有异性产生恐惧感。幼儿期的这种体验，如果在成长过程中得不到正确的引导，很可能会让孩子产生扭曲的性观念。因此，父母可以在适当的时候，帮助孩子正确了解性知识。

57 每天早上与孩子说“再见”的方法

为孩子安排好妈妈不在身边时要做的事情 开始的时候，只要孩子一吵闹，我就哄，并许诺给孩子买东西。可越是这样，每天上班出门就越困难。现在，我会为孩子安排好妈妈不在的时候要做的事情。比如，画画、帮忙做家务等。我下班回来以后，孩子就会向我炫耀今天都做了哪些事情。当然，每次我都会好好地称赞孩子一番。

崔美京　达云的妈妈

坚决地转过身去 从孩子小时候开始，我就告诉她，妈妈必须要去上班。我还告诉孩子，妈妈公司里今天有什么工作。就算孩子听不懂，我也会耐心地解释给她听。现在看来，我的这些做法都显示出了效果。现在，每天上班之前，我都抱抱孩子，告诉孩子，妈妈很爱你，然后就坚决地转身出门。我不会骗孩子说，“妈妈是去给你买好吃的”。因为这样一来，孩子可能就会苦苦等上一天。

李景真　慧善的妈妈

和孩子一起玩寻宝游戏 每天早上我和孩子的分开，都如同在玩一个有趣的游戏。我会提前把孩子喜欢的玩具、食物或者故事书藏起来，然后打电话给孩子一些线索，让孩子找出藏起来的东西。晚上回来的时候，如果孩子还没有找到，我就会和孩子一起找。

李淑京　小海的妈妈

每天在固定的时间打电话 我的秘诀是每天在固定的时间和孩子通一个电话。一定要让孩子明白，即使早上和妈妈分开，也还是会再见到妈妈的。在电话的最后，我一定会说“妈妈很想你”。因为我觉得，这样做，多少可以缓解一点孩子对妈妈的想念。无论多忙，我都不会忘记给孩子打电话。

郑善贞　智延的妈妈

平时要给孩子充分的爱抚 我平时经常告诉孩子妈妈很爱他，并且给他充分的身体爱抚。洗澡的时候也可以和爸爸（妈妈）一起洗。无论多累，我也会带着孩子一起睡。睡觉之前还会给孩子讲故事，让他能够充分感受到妈妈的爱。

金贞善　俊兴的妈妈

58 当被孩子惹怒的时候

金美真有两个孩子，并且他们年龄相仿。因为两个孩子都是男孩，家里经常会变成一个战场。孩子又是跑，又是闹，家里总是一团糟……金美真本来是个喜欢安静的人，现在被这两个孩子弄得每天都很头痛。丈夫却觉得小孩子就是这样的，除了特别严重的时候，他基本不怎么管孩子。这让金美真变得越来越暴躁，火气也越来越大。

想要发火的时候 小儿精神科的专家指出，教育孩子的时候，最重要的就是保持冷静和耐心，不要急躁，不要发火。当然，父母也不是每次都能控制好自己的情绪，但是如果尽量努力控制，还是可以达到这个要求的。感觉想要发火的时候，可以先离开一下，或在心里默默数数，让怒火平静下来。除了数数，深呼吸也是不错的方法。如果这样还不能冷静下来，最好先去其他房间，或出去一会儿。发脾气的时候，承受的压力是最大的。更糟糕的是，如果父母在发怒的情况下教育孩子，可能会出现严重的体罚，或说出一些伤害到孩子的话。这样做的结果就是让孩子对父母感到恐惧、愤怒、伤心，甚至反抗等。而且，这样做会远离本来想要达到的教育目的。

在暴躁妈妈身边长大的孩子 在情绪暴躁、容易发怒的妈妈身边长大的孩子，会有以下特征。第一，经常看别人的眼色。因为不知道妈妈什么时候会发脾气，孩子总是在猜测妈妈的表情和心理状态。这种情况也会影响到孩子与其他人的关系。第二，孩子可能会变得自卑、紧张。因为不知道什么时候会受到责难，孩子时时都处于紧张的戒备状态。第三，孩子很容易变得消极，而且缺乏创造性和主导性。他（她）会认为，与其做某些事而受到指责，还不如做一些无关紧要的事情。第四，孩子也会变得易怒、具有攻击性。如果妈妈经常这样对待孩子，孩子不满意或受到伤害的时候，也会表现出神经质、易怒以及暴力倾向。

怎样才能不变成暴躁的妈妈 妈妈要想平时少发脾气，最重要的，就是努力提高对生活的满意度，并控制好自己的情绪。管理情绪的时候，最好能选择一些自己喜欢或感兴趣的活动。当然，要根据时间和经济条件来进行选择。最好不选那种一定要花钱才能实现的活动。例如，趁着孩子睡觉的半小时或一小时，听听音乐、看看电视或者静坐冥想一番，都可以很好地舒缓情绪。一定要告诉自己，“我就是应该这样生活”。只有这样，才能够充分地休息和放松。休息以后，体力恢复了，心情也能够得到放松，也就不那么容易发火了。

Tips 这样的父母会让孩子更加叛逆

独裁型父母 希望孩子无条件服从父母，想要对孩子的所有事情都进行干涉。但是，孩子必须要按照成长速度，独立去处理自己的事情。如果父母不考虑结果，总是单方面强迫孩子，就会加重孩子的反抗和对立倾向。

追求和平型父母 过度热爱和平的父母，无法处理与孩子之间的问题。为了维护和平，无论孩子要求什么，父母都悉数答应。最后，只会把孩子培养得任性而自私。

对育儿持消极态度的父母 如果过分尊重孩子的权利，或者总是想按照原则，理性地对待孩子，最终可能会被孩子牵着鼻子走。孩子也可能变成不会考虑他人，只知道要求权利的人。

59 我的育儿压力测试

养育孩子的时候，最重要的，就是妈妈必须具备一种健康幸福的心态。如果妈妈的育儿压力过重，孩子也无法幸福地成长。下面是孩子的行为、思想以及情绪状态和父母的育儿压力测试。

下面的内容中，回答“是”得1分，回答“否”得0分。

□我对于父母的责任感觉到有负担。

□我感到自己很不幸，总是很忧郁。

□我好像连自己都照顾不好。

□我的孩子很难管教。

□在教育孩子方面，我和丈夫（妻子）有很多分歧。

□我总是觉得“孩子是家里的麻烦”。

□我总是觉得控制不了我的孩子，虽然做了很多努力，但都没有效果。

□我很少称赞我的孩子。

□我看不到孩子做的好事。

□与称赞、鼓励孩子相比，我对他（她）作出的负面反应更多。

□我最近总是失眠。

□因为觉得教育不了孩子，我经常会想，“你自己随便吧”。

□在教育孩子的时候，我不能保持一贯的态度。

□我总认为没有人能帮助我、理解我。

□我无法忍住怒火（无法控制自己的情绪）。

□我感受不到与孩子之间的亲密关系。

□我与孩子在一起的时候，因为总想着还要做别的事情

（做家务、照顾更小的孩子等），无法把所有的注意力都放到孩子身上。

□我们家的沟通方式对彼此都没有帮助（漠视、责难、叫喊）。

□我家没有明确的规则。

□我的孩子无法抗拒天生的气质。

□我的孩子性格暴躁、易怒。

□我总是对孩子大发雷霆。

□我的孩子很任性。

□我们家做任何事情都没有固定的时间（睡觉、吃饭、看电视、读书、做游戏、洗澡）。

结果分析

20分以上：压力非常重，应该咨询专家，寻求解决方法。

15分以上：压力比较重，应该积极寻找缓解压力的方法。

10分以上：压力程度一般，应该努力养成正确的育儿态度，并且保持心态平和。

Tips 有助于缓解育儿压力的音乐

1 德沃夏克，斯拉夫舞曲。

2 海顿，弦乐四重奏“云雀”第二乐章。

3 莫扎特，第3号圆号协奏曲第2乐章（浪漫曲）。

4 巴赫，勃兰登堡协奏曲2号第二乐章行板。

5 德彪西，节日。

6 亨德尔，水上音乐2号。

就算上学迟到也必须按妈妈要求吃早饭的教授——韩荣实

你每天都坚持让孩子吃早饭吗？是不是一想到“反正到幼儿园要吃午饭，没关系的”，随便让孩子吃两口面包，就打发他（她）出门了呢？对任何人来说，早饭都是保持一天活力的营养源。很多人认为，无论有什么事，都要保证孩子吃好早饭。

韩国淑明女子大学食品营养系的韩荣实教授就是这个观点的坚决拥护者。韩荣实是著名的食品营养专家，并且在很多健康节目中担任过嘉宾，受到多数观众的欢迎。韩荣实教授之所以能取得今天的成就，最根本的原因就在于她的妈妈。“我的妈妈告诉我，一定要吃早饭。有些妈妈看到孩子上学快要迟到了，就会催促孩子快点吃，我的妈妈却不是这样。她说，就算上学迟到了，也要把早饭吃完，只有好好吃饭，才有力气认真学习。所以，我那时候经常会迟到。”小时候，韩教授也曾经因为被妈妈强迫吃饭而感到不满，学习了食品营养学以后，她才知道，原来妈妈的做法是正确的。

现在很流行补充维生素，而在那个时候，韩教授的妈妈就已经开始给孩子吃“维生素”了。当时，妈妈把维生素藏在壁橱里，每天给孩子吃一两次。因为味道很香，韩荣实一直以为维生素就应该是香喷喷的，后来她才知道，那原来是蚱蜢粉。把蚱蜢炒熟后磨成粉，然后告诉孩子是维生素，让孩子坚持吃。如果当时知道那是什么东西，恐怕没有哪个孩子会愿意吃。可正是由于妈妈的智慧，韩荣实以及她的兄弟姐妹，都拥有健康的好身体。